Concolorcorvo

D0913548

El lazarillo de ciegos caminantes

Desde Buenos Aires hasta Lima

- STOCKCERO -

ii

Concolorcorvo.
El Lazarillo de ciegos caminantes : desde Buenos Aires hasta
Lima. -
1a ed. - Buenos Aires : Stockcero, 2005.
236 p. ; 22x15m.

ISBN 987-1136-26-9

1. Relatos de Viajes. I. Título.
CDD 910.4

Copyright © 2005 Stockcero

1° edición: 2005 - Stockcero
ISBN N° 987-1136-26-9
Libro de Edición Argentina.

Hecho el depósito que prevé la ley 11.723.
Printed in the United States of America.

Ninguna parte de esta publicación, incluido el diseño de la cubierta,
puede ser reproducida, almacenada o transmitida en manera alguna
ni por ningún medio, ya sea eléctrico, químico, mecánico, óptico, de grabación o de
fotocopia, sin permiso previo del editor.

stockcero.com
Viamonte 1592 C1055ABD
Buenos Aires Argentina
54 11 4372 9322

stockcero@stockcero.com

Concolorcorvo

El lazarillo de ciegos caminantes

Desde Buenos Aires hasta Lima

El lazarillo de ciegos caminantes desde Buenos Aires, hasta Lima con sus itinerarios
según la más puntual observación, con algunas noticias útiles a los Nuevos Comerciantes
que tratan en Mulas ; y otras históricas
sacado de las memorias que hizo Don Alonso Carrió de la Vandera en este
dilatado viaje ... ; por Don Calixto Bustamante Carlos Inca, alias Concolorcorvo natural de
Cuzco ...

INDICE

Segunda parte

Prólogo y dedicatoria a los contenidos en él

Así como los escritores graves, por ejemplo el Plomo, y, aun los leves, v. g. el Corcho, dirigen sus dilatados prólogos a los hombres sabios, prudentes y piadosos, acaso por libertarse de sus críticas, yo dirijo el mío, porque soy peje [1] entre dos aguas, esto es, ni tan pesado como los unos, ni tan liviano como los otros, a la gente que por vulgaridad llaman de la hampa, o cáscara amarga [2], ya sean de espada, carabina y pistolas, ya de bolas[3], guampas [4] y lazo. Hablo, finalmente, con los cansados, sedientos y empolvados caminantes, deteniéndolos un corto espacio,

> A modo de epitafio,
> de sepulcro, panteón o cenotafio.

No porque mi principal fin se dirija a los señores caminantes, dejaré de hablar una u otra vez con los poltrones [5] de ejercicio sedentario, y en particular con los de allende el mar, por lo que suplico a los señores de aquende disimulen todas aquellas especies que se podían omitir, por notorias, en el reino.

Eslo también en él que los cholos [6] respetamos a los españoles, como a hijos del Sol, y así no tengo valor (aunque descendiente de sangre real, por línea tan recta como la del arco iris), a tratar a mis lectores con la llaneza que acostumbran los más despreciables escribientes, por lo que cuando no viene a pelo [7] lo de señores o caballeros, pongo una V para que cada uno se dé a sí

1   *Peje*: pez
2   *Gente de cáscara amarga*: gente de mal vivir, delincuentes y marginales
3   *Bolas* : boleadoras, arma arrojadiza, que se compone de tres correas trenzadas, ligadas por un extremo, y sujetando en el otro otras tantas esferas sólidas de metal o piedra.
4   *Guampa*: cornamenta vacuna. Se refiere con esto a gente que trabaja con animales
5   *Poltrón*: flojo, perezoso, de allí *poltrona*, silla muy cómoda.
6   *Cholo*: dícese del indio poco ilustrado
7   *Venir a pelo*: resultar oportuno

mismo el tratamiento que le correspondiere o el que fuese de su fantasía.

Esto supuesto, señores empolvados, sedientos o cansados, sabrán que los correos y mansiones o postas son antiguos como el mundo, porque, en mi concepto, son de institución natural, y convendrán conmigo todos los que quisieren hacer alguna reflexión. He visto en la corte de Madrid que algunas personas se admiraban de la grandeza de nuestro monarca, porque cuando pasaba a los sitios reales llevaba su primer secretario de Estado, a su estribo dos correos que llaman de gabinete, preparados para hacer cualquier viaje impensado e importante a los intereses de la corona. A estos genios espantadizos, por nuevos y bisoños en el gran mundo, les decía el visitador que el rey era un pobre caballero, porque cualquiera dama cortejante, y cortejada en la corte, y al respecto en otras ciudades grandes, tenía una docena, a lo menos, de correos y postas, y que no había señora limeña que no despachase al día tres o cuatro *extraordinarios* a la casa de sus parientes y conocidos, sólo con el fin de saber si habían pasado bien la noche, si al niño le habían brotado los dientes o si a la ama se le había secado la leche y otras impertinencias. Cierta señorita, añadió, que viviendo en la calle de las Aldabas, encargó a un cortejante que vivía a la otra banda del puente, que de camino y al retirarse a su casa, diese un recado de su parte al general de los Borbones y otro al prior de Monserrate, y que, sin perder camino, pasase a la última huerta, que está en los callejones de *Matamandinga* y le trajese un *tulipán*, porque sólo allí los había excelentes.

Las postas se dicen así, no solamente porque son mansiones, sino porque hay caballos de remuda para hacer los viajes con celeridad. Esta policía es muy útil al Estado para comunicar y recibir con presteza las noticias importantes, de que se pueden servir también los particulares para sus negocios, precediendo las licencias necesarias prevenidas en cédulas reales, y ordenanza de correos para la precaución de que no caminen por la posta delincuentes, sino personas libres de toda sospecha. La seriedad con que se trató este asunto en España se comprende, de que habiendo pedido postas el príncipe de Asturias, hijo primogénito del serio Felipe II, se le dio parte con tiempo por el director de ellas, que atajó el mal, que podía resultar al reino de un inconsiderado viaje.

Las postas, vuelvo a decir, no sirven solamente para asuntos tan serios, sino para la comodidad y diversión de los viajeros curiosos, que quieren ver las grandes fiestas y otras funciones que se hacen en las grandes cortes. Las que se hacen al casamiento de un gran príncipe no mueven a los curiosos hasta muy cerca de los principios. Las gacetas, mercurios y otras papeletas van anunciando los grandes preparativos y concurrencia de grandes príncipes y señores, su magnífico tren, que con la concurrencia de varias naciones, hacen las fiestas más plausibles.

Los españoles son reputados por los hombres menos curiosos de toda la

Europa, sin reflexionar que son los que tienen menos proporción para hallarse en el extremo de ella. El genio de los españoles no se puede sujetar a las economías de franceses, italianos, flamencos y alemanes, porque el español, con doscientos doblones en el bolsillo, quiere competir con el de otro de estas naciones que lleva dos mil, no acomodándose a hacerse él mismo los bucles y alojarse en un cabaret [8] a comer solamente una grillada al medio día y a la noche un trozo de vitela [9] y una ensalada. Por otra parte, los hombres de conveniencias desprecian estas curiosidades por el recelo de que sus hijos traten con los herejes y vuelvan a sus casas imbuidos en máximas impías contra la religión y el Estado.

Para estas diversiones repentinas sirven de mucho auxilio las postas, que aunque son por sí costosas, ahorran mucho dinero en la brevedad con que se hacen los viajes. No puede dudar, sino un estúpido, la complacencia grande que se tendrá en la Europa en ver las principales cortes, mayormente si se juntan dos o tres amigos de una nación o un mismo idioma, de igual humor, y aun cuando en estos viajes acelerados, como de una primavera, un verano o parte del otoño no se comprenda mucha de la grandeza de aquellas cortes y reinos, basta para formar una idea ajustada, y que no nos sorprenda cualquier charlatán.

Los que tienen espíritu marcial apetecen, con razón, ver y reconocer dos grandes ejércitos opuestos en campaña, principalmente si los mandan testas coronadas o príncipes de la sangre. El autor de la inoculación del buen juicio, dice: que llegó a tal extremo en este siglo el fausto de los franceses, que sólo faltó tapizar las trincheras y zahumar la pólvora y tomar cuarteles en verano, para refrescarse con las limonadas. No se puede dudar que estos ejércitos en campaña causarán una notable alegría. La corte estará allí más patente. Las tiendas de campaña del rey, príncipes y grandes señores, se compararán a los grandes palacios. Servirá de mucho gusto oír y ver las diferentes maneras que tienen de insinuarse tan distintas naciones de que se compone un gran ejército, como asimismo los concurrentes. Solamente reparo la falta que habrá del bello sexo de distinguidas, que apenas tocará a cada gran señor u oficial general una expresión de abanico. Los demás oficiales, que son los Adonis de este siglo, se verán precisados a hacer la corte a las vivanderas [10].

En este dilatado reino no hay, verdaderamente, hombres curiosos, porque jamás hemos visto que un cuzqueño tome postas para pasar a Lima con sólo el fin de ver las cuatro prodigiosas P P P P [11], ni a comunicar ni oír las gracias del insigne *Juan de la Coba*[12], como asimismo ningún limeño pasar

---

8   *Cabaret*: casa o sitio público donde la gente se reune a beber, comer, bailar y esparcirse
9   *Vitela*: ternera. Vacuno hembra menor a un año.
10 *Vivandera*: cantinera, mujer que se ocupa de las vituallas de un ejército.
11 *Prodigiosas PPPP*: ver pág 208
12 *Juan de la Coba*: La "mojiganga" (representación grotesca) que llamaban Juan de la Coba, se componia de tres negros vestidos con sacos y bonetes encarnados cabalgados en mulas o asnos, con timbales cubiertos de trapos del mismo color. Una multitud andrajosa, de negros y sambos, hacian el acompañamiento. Entre Juan de la Coba y el pueblo habia una especie de dialogo tosco e indecente.

al Cuzco sólo por ver el *Rodadero* y fortaleza del Inca [13], y comunicar al *Coxo Nava*, hombre en la realidad raro, porque, según mis paisanos, mantiene una mula con una aceituna.

Las postas de celeridad, en rigor, no son más que desde Buenos Aires a Jujuy, porque se hacen a caballo y en país llano; todo lo demás de este gran virreinato se camina en mula, por lo general malas y mañosas, que es lo mismo que andar a gatas [14]. Sin embargo, pudiera llegar una noticia de Lima a Buenos Aires, que distan novecientas cuarenta y seis leguas, en menos de treinta y seis días, si se acortaran las carreras, porque un solo hombre no puede hacer jornadas sin dormir y descansar, arriba de tres días. La carrera mayor y más penosa fuera la de Lima a Guamanga, pero con la buena paga a correos y maestros de postas, se haría asequible, y mucho más la de allí al Cuzco, a la Paz y Potosí. La de esta villa hasta Jujuy, y la de esta ciudad a la de San Miguel del Tucumán son algo más dudosas por lo dilatado de ellas, y contingencias de las crecientes de los ríos en que no hay puentes y algunos trozos de camino algo molestos.

Sin embargo de que la mayor parte de las mansiones son groseras y los bagajes malos, en ninguna parte del mundo es más útil que en esta caminar por las postas. Algunos tucumanos usan de mulas propias principalmente para las sillas. Estas, aun sean sobresalientes, no aguantan arriba de dos o tres jornadas seguidas, de a diez leguas cada una, porque en muchas partes no tienen que comer y se ven precisados a echarlas al pasto en distancia, en donde los estropean o roban. Otros prefieren caminar con arrieros por los despoblados, fiados en las provisiones que llevan y buenos toldos para guarecerse por la noche, y que al mismo tiempo cuidan sus mercaderías y dan providencias para el tránsito de ríos y laderas peligrosas.

Regularmente ha visto el visitador que todas las desgracias que han sucedido en estos tránsitos las ocasionaron las violencias de los dueños de las cargas. La seguridad de sus efectos por su asistencia es fantástica, porque en el caso, que es muy raro, de que un mal peón quiera hacer un robo, abriendo un fardo o un cajón, lo ejecuta en una noche tenebrosa y tempestuosa, en que los dueños de las cargas están recogidos en sus toldos, y hasta el dueño de la recua procura abrigarse bien, fiado en que el dueño está presente y que respecto de haberse fiado de él no tiene otra responsabilidad que la de entregar fardos cerrados. Distinta vigilancia tuviera si, como sucede en todo el mundo, se les hiciera entrega formal de la hacienda; pero, dejando aparte estos dos riesgos, de bastante consideración, voy a poner delante las incomodidades de el pasajero, que camina con arrieros. En primer lugar, éstos no ca-

---

13 *Rodadero del Inca*: o *Suchuna*. Al norte del llano de *Chuquipampa* se ubica Suchuna. Se trata de una formación geológica con una serie de ondulaciones que forman surcos paralelos a la roca. En lo alto se encuentra el llamado "Trono del Inca" o *k'usillup hink'ínan* (salto del mono). Suchuna era un espacio religioso muy importante, pues allí se ubicaría el *Guamancancha* (adoratorio del cuarto ceque del *Chinchaysuyo*). Este adoratorio lo constituían dos cuartos pequeños, de los cuales se observan apenas los restos en el lado este del Rodadero. Estas habitaciones habrían servido para que ayunasen los jóvenes nobles que participaban en el *huarachico*, ritual de iniciación que consistía en horadarles las orejas.

14 *Andar a gatas*: como lo hacen los infantes, sobre manos y rodillas, gateando

minan, un día con otro, desde Lima al Cuzco, arriba de tres leguas, contando las paradas precisas y muchas voluntarias, para reforzar sus recuas. El pasajero necesita llevar todas las providencias, menos el agua. Estas provisiones son las más expuestas a los insultos de los peones, en particular las de vino y demás licores, que no hacen escrúpulo en romper una frasquera para beberse un par de frascos de vino, aguardiente o mistela, haciendo pedazos de frascos y derramar algún licor, para dar a entender al amo que sucedió esta desgracia por la caída de una mula o encuentro con otra o con algún peñasco. Todo se compone a costa de la faltriquera [15]; pero quisiera preguntar yo a estos caminantes bisoños en el camino de la sierra, qué arbitrio toman cuando se hallan en una puna rígida o en alguna cordillera en que las mulas, huyendo del frío, van a buscar distintas quebradas o que los fingen los arrieros con consentimiento de los dueños de la recua? Se verán precisados a aguantar por el día los fuertes soles bajo de un toldo, que es lo mismo que un horno, y las noches con poco abrigo. Los bastimentos se consumen y el más paciente se consterna, y no encuentra voces con qué satisfacer al que tiene el genio violento o poco sufrido.

Caminándose por la posta no faltan disgustos, pero todo se compone con tres o cuatro reales más de gasto en cada una, para que el maestro de ellas apronte las mulas y provea de lo necesario. Estos bagajes, aunque malos, caminan de posta a posta con celeridad, porque los indios guías o el postillón los pone en movimiento, como a unas máquinas. Para que los pasajeros no se detengan más de lo que fuere de su arbitrio, les aconsejo que saquen las providencias de boca de un tambo [16] para otro, y porque desde Jauja al Cuzco, y aún hasta Potosí, escasea la grasa o manteca de puerco, en algunos parajes, aconsejo a mis amados caminantes prevengan en su alforja un buen trozo de tocino, que no solamente suple esta necesidad, sino que da un gusto más delicioso y se aprovechan los trocillos que no se derritieron. La pimienta, el ají molido, los tomates, cebollas y ajos y un par de libras de arroz, provisión de cuatro o cinco días, cabe todo en una regular servilleta, y algunos limones y naranjas suplen la falta de vinagre, que en la mayor parte de los parajes no se encuentra, o es tan amargo que echa a perder los guisados.

Con esta providencia y una polla [17] con dos trozos de carne sancochada [18], se hacen dos guisados en menos de una hora para cuatro personas, a que también se pueden agregar algunos huevos, que rara vez faltan en los tambos y se encuentran con abundancia en los pueblos. El visitador está muy mal con los fiambres, y principalmente con los que toda la juventud apetece, de jamón y salchichones, porque excitan mucho la sed y provocan a beber a cada instante, de que resultan empachos y de éstos las tercianas [19], y con particularidad en tierras calientes. En el dilatado viaje de Buenos Aires a Li-

---

15 *Faltriquera*: los bolsillos de los hombres o las bolsas de las mujeres, donde se suele llevar el dinero.

16 *Tambo*: del Quichua *Tampu*, establecimiento dedicado a la explotación de vacas lecheras; albergue; almacén; depósito en Español.

17 *Polla*: en el juego, apuesta en conjunto

18 *Sancochada*: poco cocida o frita sin sazonar

19 *Terciana*: fiebre intermitente, que repite el tercer día

ma, tomó tales providencias y precauciones, que apenas no tengo presente haber comido fiambres tres veces, pero es verdad que no hacíamos jornadas arriba de ocho leguas: a las diez del día ya habíamos caminado de cinco a seis; un criado se ocupaba solamente de preparar la comida, y todos nosotros, con el mismo visitador, asegurábamos nuestras bestias y buscábamos pasto y agua, y con esta precaución y cuatro horas de descanso, llegaban las mulas a la posada con bríos. Las cargas salían una hora después y pasaban los indios guías a tiempo de recoger los sobrantes. Otro criado, con uno de nosotros, salía por los ranchos a buscar nuevo bastimento de carne fresca y huevos para la cena, que se hacía con más lentitud y, se sancochaban las carnes para la comida de el día siguiente.

De este modo se hacen tolerables los dilatados viajes. El que quisiere caminar más, haga lo que cierto pasajero ejecutó con un indio guía. En la primera cruz que encontró hizo su adoración y echó su traguito y dio otro al indio, que iba arreándole una carguita, y la hizo doblar el paso. Llegó a otra cruz, que regularmente están éstas en trivios [20] o altos de las cuestas. Luego que divisó la segunda cruz y se acercó a ella, dijo al español: "Caimi [21] cruz", y detuvo un rato la mula de carga, hasta que el español bebió y le dio el segundo trago, llegó, finalmente a una pampa dilatada de casi cuatro leguas, y viéndose algo fatigado a la mitad de ella, dijo el indio: "Español, caimi cruz", se quitó el sombrero para adorarla y dar un beso al porito [22], pero no vio semejante cruz, por lo que se vio precisado a preguntar al indio: ¿En dónde estaba la cruz, que no la divisaba? El indio se limpió el sudor del rostro con su mano derecha, y con toda celeridad levantó los brazos en alto y dijo: "Caimi señor". El español, que era un buen hombre, celebró tanto las astucias de el indio que le dobló la ración, y el indio quedó tan agradecido que luego que llegó al tambo, refirió a los otros mitayos [23] la bondad de el español, y al día siguiente disputaron todos sobre quién le había de acompañar.

El visitador me aseguró varias veces que jamás le había faltado providencia alguna en más de treinta y seis años que casi sin intermisión había caminado por ambas Américas. Aun viniendo en el carácter de visitador de estafetas y postas, sentaba a su mesa al maestro de ellas, aunque fuese indio, y la primera diligencia por la mañana era contar el importe de la conducción y que se pagase a su vista a los mitayos que habían de conducir las cargas, y a cualquiera indio que servía para traer agua o leña, le satisfacía su trabajo prontamente, y así quedaban todos gustosos y corría la noticia de posta en posta, y nada faltaba ni le faltó jamás en el tiempo que caminó como particular, disimulando siempre la avaricia de los indios y sus trampillas propias de gente pobre. Quisiera preguntar a los señores pasajeros, así europeos como americanos, ¿el fruto que sacan de sus arrogancias? Yo creo que no consiguen otra cosa que el de ser peor servidos y exponerse a una sublevación

20 *Trivio*: punto donde concurren tres caminos
21 *Caimi*: o *Kaymi*, del Quichua *Kaypi* - adv. Aquí, acá, en este lugar
22 *Porito*: o *Poronguito*, recipiente hecho de un calabacín.
23 *Mitayos*: sometidos a la mita, indios dados por repartimiento para el trabajo

lastimosa. Cualquiera maestro de postas puede burlar a un pasajero, deteniéndolo tres y cuatro días, porque le sobran pretextos, bien o mal fundados.

Por otro lado, la paga no es la mitad de lo que merece un trabajo tan violento: una mula con un guía a real y medio por legua, no tiene de costo treinta y cinco pesos cabales, y se puede hacer un viaje sin fatiga, desde Lima al Cuzco, que es la carrera más pesada, por lo fragoso [24] del camino, en quince días, durmiendo todas las noches bajo de techo. Un arriero que tarda muchas veces ochenta días, salvo otras contingencias, cobra treinta pesos por una carga regular de doce arrobas, en que ahorra un pasajero cinco pesos, que no equivalen a la detención de más de dos meses. La equidad de las postas y mucha utilidad que resulta al público, es más visible en la conducción de una peara [25] de efectos de Castilla [26]. Esta tiene de costo, conducida por los arrieros en el mismo viaje, trescientos pesos y por las postas doscientos setenta y nueve, porque para diez mulas cargadas son suficientes cuatro mitayos, que ganan a medio real por legua, y aunque el pasajero comerciante distribuya los veintiún pesos en gratificaciones para el mejor y más pronto avío, logra las ventajas siguientes:

La primera es la de conducir sus cargas con seguridad de robo, porque caminando con ellas todo el día las asegura de noche en el cuarto de las mansiones.

La segunda es la celeridad de el viaje, y la tercera, que es la más principal para los comerciantes pegujaleros [27], es la de poder hacer sus ventitas al tránsito. Por ejemplo, en el valle de Jauja puede vender algunos efectos, en Atunjauja, la Concepción y Guancayo, a cuyas tres poblaciones concurren los señores curas, que no son los más despreciables marchantes, de la una y otra banda del río. Si alguno quisiere pasar desde Atunjauja a Tarma, lo hará con arriero o particular de uno de los dos pueblos, o componerse con el maestro de postas, dándole alguna cosa más, en que aseguro no se perderá nada, porque en Tarma, con el motivo de la tropa, hay muchos chanveríes [28], que aunque tienen facilidad de proveerse de Lima, de cintas, clarines [29] y encajes, no rehúsan pagar a más alto precio lo que ven con sus ojos, por lo que soy de dictamen que todas estas cosas menudas se conduzcan en petacas [30] de dos tapas, para que caminen ajustados los efectos, y en caso de que la venta sea algo crecida, se pueden deshacer dos o tres fardos de bretañas [31] angostas y cambrais [32], que se acomodan con facilidad y se van ahorrando fletes. El que

24 *Fragoso*: áspero, intrincado, lleno de quebradas, malezas y breñas.
25 *Peara*: por piara, originalmente conjunto de cerdos, pero también aplicado a otros animales (de mulas el término exacto es recua)
26 *Efectos de Castilla*: productos manufacturados, principalmente textiles, elaborados en Europa, a diferencia de los "efectos de China", elaborados en Oriente.
27 *Pegujalero*: de poca monta. De pegujal (pegujar), peculio, lo que el padre permite poseer al hijo no emancipado, o el señor al siervo.
28 *Chanveríes*: viajeros que llevando su negocio "a cuestas" acompañaban las tropas
29 *Clarín*: Holanclarín, género de lienzo muy delgado y claro, fabricado en Flandes, Francia y Holanda, muy estimado para confeccionar sobrepellices, albas, etc.
30 *Petaca*: especie de arca hecha de cuero o madera recubierta de cuero
31 *Bretaña*: cierto género de lienzo fino, originario de la provincia de Bretaña. Lo había ancho y angosto.
32 *Cambrais*: *Cambray*, cierta tela de lienzo muy fino originario de la ciudad de Cambray

pasare de Atunjauja a Tarma solicitará que le conduzcan hasta la Concepción y de este pueblo hasta Guancayo, aunque pague la posta como si fuera a Guayucachi.

Aunque Guancavelica está regularmente abastecida de efectos, no dejan de escasear algunas menudencias, que en todos estos parajes se venden con mucha más estimación que en las grandes poblaciones. También se vende algo en Guanta, desde donde se pasará brevemente a Guamanga, a donde compran algunas cosas los señores canónigos y curas, para su uso y el de su familia. Los comerciantes vecinos sólo compran a plazos, y regularmente quieren pagar, o a lo menos lo proponen, en petaquillas de costura aprensadas y doradas, guarniciones de sillas de casas, vaquetas y suelas, cajas de dulce y mango, con otras zarandajas [33], que así se puede decir, porque no hay sujeto que haya salido bien de estos canjes. No hay que empeñarse mucho con estos pequeños comerciantes, porque pagando bien doscientos pesos, se hace eterna la dependencia, que llega a mil.

En Andaguaylas y Abancay, que son los dos únicos pueblos grandes, desde Guamanga al Cuzco, se vende alguna cosa. El visitador es de dictamen que no se entre al Cuzco con rezagos sino con el fin de sacrificarlos a un ínfimo precio. Tiene por más acertado que se pase con ellos a la feria de Cocharcas, sobre que tomarán sus medidas los pequeños comerciantes, a quienes se previene que no pierdan venta desde el primer día que se abra la feria, porque ha observado que todos los días van en decadencia los precios. Estas advertencias son inútiles, y aun pudieran ser perjudiciales a los mercaderes gruesos que pasan con destino al Cuzco, Paz, Oruro o Potosí, a donde se hacen dependencias crecidas y quieren surtimentos completos; pero siempre sería conveniente que estos comerciantes entregasen toda la carga gruesa de lanas, lienzos y mercerías a los arrieros comunes y que llevasen consigo por las postas los tejidos de oro y plata, sedas y de mayor valor, que no ocupen más de diez mulas, que con corta detención pueden habilitar los maestros de postas.

Las leguas están reguladas lo mejor que se pudo, con atención a las comunales del reino, a que todos nos debemos arreglar, como sucede en todo el mundo. Si alguna posta se atrasa o adelanta por comodidad del público, en el actual real camino, en nada alterará el número de leguas, porque las que se aumentan en una, se rebajan en la siguiente. En los viajes a Arequipa y Piura, con cargas, siempre es conveniente, y aun preciso, caminar con recursos, y que los pasajeros carguen su toldo y se acomoden en cuanto a carnes, con las que se hallaren al tránsito, porque se corrompen de un día a otro por los calores y humedad del aire, y en estas dos carreras es en donde es más perjudicial a la salud el fiambre salado, porque hay muchas pascanas [34] de agua salitrosa y pesada, y la mucha bebida, sea de lo que fuese, es nociva, y la menos mala es la del aguardiente, tomado con moderación.

33 *Zarandaja*: cosa de poca importancia
34 *Pascana*: etapa, parada o descanso en un viaje

Lo contrario sucede en las punas rígidas, a donde el aire es sumamente seco, y recogiéndose todo el calor al estómago, fatiga mucho la respiración y causa una especie de mareo, como el que acomete a muchos navegantes, que solamente se quita con beber el agua fría y tomar algunos caldos de carne o gallina, con bastante ají, que parece una cosa extraordinaria, pero la práctica está a su favor, como en el imperio de México, entre la gente vulgar, no curar los empachos más que con huevos fritos con agua y sal, con mucho chile molido, que equivale a nuestro ají y en España al pimentón, que sólo se usa con exceso en los adobados de carne de puerco y algunos peces indigestos y por naturaleza secos.

Los caminantes del chuño[35], papa seca y fresca, quesillo, zapallo o calabaza, con algunos trocitos de chalona[36] y algunas hierbecitas van seguros de empacharse, porque su mayor exceso es darse una panzada de leche en una estancia, que a las dos horas se convierte en una pasajera tormenta de agua y viento para ellos. Con estos no habla mi prólogo, sino con los crudos españoles, así europeos como americanos, que fiados en su robustez, almuerzan, meriendan y cenan jamones, chorizos y morcillas, cochinitos rellenos, cebollas y ajíes curtidos en vinagre, alcaparras[37] y alcaparrones[38] y todo género de marisco que encuentran en las playas. Un trozo de ternera, pierna de carnero, pavo o gallina, bien lardeados[39], con bastantes ajos y algunas frutas y queso de Paria[40], que regularmente es muy salado, dan motivo a que se apure la bota y que estos esforzados caminantes se echen a dormir en tierras calientes, bajo de las ramadas, y en las frías, sin otro abrigo que el de una sábana y manta para cubrir sus cuerpos.

Si los médicos fueran como algunos los pintan, no usaran de otro recetario para promover sus intereses y los de sus inquilinos los boticarios, a que también pudieran concurrir al fin los señores párrocos con alguna gratificación. Es muy raro el pasajero que llega a esta capital por la costa de Arequipa que no contribuya a la facultad médica y botánica. Los de valles son más económicos porque se aplican más al método serrano, y aunque comen el cabrío, le pujan en el camino y llegan a esta capital sin la necesidad de pagar lanzas y media annata[41] a médicos, cirujanos y boticarios; y los señores párrocos de esta capital no hacen concepto de los derechos de cruz alta y sepultura, por lo que los cancheros[42] no tienen otro recurso que el de las promesas de misas que hicieron por el feliz tránsito de los formidables ríos.

Los serranos, hablo de los mestizos, son muy hábiles en picardías y ruin-

35 *Chuño*: del quechua *chuñu* (arrugado), patata helada y secada al sol
36 *Chalona*: carne de oveja, salada y secada al sol
37 *Alcaparra*: botón de la flor de la *Cassia tomentosa*, mata de la familia de las caparidáceas. Encurtido en salmuera o vinagre se usa como condimento.
38 *Alcaparrón*: fruto de la alcaparra, del tamaño y forma de un higo. Se come encurtido
39 *Lardeado*: untado con *lardo*, grasa del tocino.
40 *Queso paria*: queso algo seco y muy conocido en el ande. Se prepara mezclando en partes iguales leche de vaca y oveja
41 *Annata*: la renta y frutos, o emolumentos, que produce en un año un Beneficio Eclesiástico o un puesto político.
42 *Canchero*: o *Kanchero* - adj. Experimentado, conocedor del oficio. Es una palabra quichua con terminación castellana -ero

dades que los de la costa. Uno de aquéllos, que llegó de refresco, pasó con dos compañeros a un convento de monjas de los más regulares que hay en esta capital, y llamando a la madre superiora, sea priora, abadesa o condesa, le dijo en el locutorio, que había ofrecido a un convento observante hacer una limosna de mil carneros de la gran partida que traía de Pasco y Jauja. La buena presidenta, o priora, agradeció la preferencia que hacía a su comunidad y por pronta providencia les sacó una mesa de manjares, y cada cofrade tomó una docena al uso de la sierra. La buena madre los convidó al día siguiente a comer en el locutorio, y los serranos sacaron el cuerpo de mal año, y se hicieron invisibles, dejando a la buena prelada a la irrisión de todas las monjas, por que los mil carneros fueron a parar al Camal de N, que los pagó a diez reales cada uno, con cargo de sisa [43]. Cuidado con mestizos de leche, que son peores que los gitanos, aunque por distinto rumbo.

Yo soy indio neto, salvo las trampas de mi madre, de que no salgo por fiador. Dos primas mías coyas [44] conservan la virginidad, a su pesar en un convento de el Cuzco, en donde las mantiene el rey nuestro señor. Yo me hallo en ánimo de pretender la plaza de perrero de la catedral del Cuzco para gozar inmunidad eclesiástica y para lo que me servirá de mucho mérito el haber escrito este itinerario, que aunque en Dios y en conciencia lo formé con ayuda de vecinos, que a ratos ociosos me soplaban a la oreja, y cierto fraile de San Juan de Dios, que me encajó la introducción y latines, tengo a lo menos mucha parte en haber perifraseado lo que me decía el visitador en pocas palabras. Imitando el estilo de éste, mezclé algunas jocosidades para entretenimiento de los caminantes para quienes particularmente escribí. Me hago cargo de que lo sustancial de mi itinerario se podía reducir a cien hojas en octavo. En menos de la cuarta parte le extractó el visitador, como se puede ver de mi letra en el borrador, que para en mi poder, pero este género de relaciones sucintas no instruyen al público, que no ha visto aquellos dilatados países, en que es preciso darse por entendido de lo que en sí contienen, sin faltar a la verdad. El cosmógrafo mayor de el reino, doctor don Cosme Bueno, al fin de sus Pronósticos anuales, tiene dada una idea general del reino, procediendo por obispados. Obra verdaderamente muy útil y necesaria para formar una completa historia de este vasto virreinato.

Si el tiempo y erudición que gastó el gran Peralta en su Lima fundada y España vindicada, lo hubiera aplicado a escribir la historia civil y natural de este reino, no dudo que hubiera adquirido más fama, dando lustre y esplendor a toda la monarquía; pero la mayor parte de los hombres se inclinan a saber con antelación los sucesos de los países más distantes, descuidándose enteramente de los que pasan en los suyos. No por esto quiero decir que Peralta no supiese la historia de este reino, y sólo culpo su elección por lo que oí a hombres sabios. Llegando cierta tarde a la casa rural de un caballero del

---

43   *Con cargo de sisa*: con las disminuciones (sisas) o pérdidas por mortandad a cargo del comprador.
44   *Coya*: del quichua *Qollasuyu* designación de una de las regiones del gran Tawantinsuyo, territorio actual del altiplano de Bolivia, el Norte de Chile y el noroeste Argentino, cuyos sus habitantes eran los Qollas. La palabra *Qoya* designaba a la esposa del Inka

Tucumán, con el visitador y demás compañía, reparamos que se explicaba en un modo raro y que hacía preguntas extrañas. Sobre la mesa tenía cuatro libros muy usados y casi desencuadernados: el uno era el Viaje que hizo Fernán Méndez Pinto a la China; el otro era el Teatro de los Dioses; el tercero era la historieta de Carlomagno, con sus doce pares de Francia, y el cuarto de Guerras civiles de Granada. El visitador, que fue el que hojeó estos libros y que los había leído en su juventud con gran delectación, le alabó la librería y le preguntó si había leído otros libros, a lo que el buen caballero le respondió que aquellos los sabía de memoria y porque no se le olvidasen los sucesos, los repasaba todos los días, porque no se debía leer más que en pocos libros y buenos. Observando el visitador la extravagancia del buen hombre, le preguntó si sabía el nombre del actual rey de España y de las Indias, a que respondió que se llamaba Carlos III, porque así lo había oído nombrar en el título del gobernador, y que tenía noticia de que era un buen caballero de capa y espada. ¿Y su padre de ese caballero? replicó el visitador, ¿cómo se llamó? A que respondió sin perplejidad, que por razón natural lo podían saber todos. El visitador, teniendo presente lo que respondió otro erudito de Francia, le apuró para que dijese su nombre, y sin titubear dijo que había sido el S. Carlos II. De su país no dio más noticia que de siete a ocho leguas en torno, y todas tan imperfectas y trastornadas, que parecían delirios o sueños de hombres despiertos.

Iba a proseguir con mi prólogo a tiempo que al visitador se le antojó leerle, quien me dijo que estaba muy correspondiente a la obra, pero que si le alargaba más, se diría de él:

> Que el arquitecto es falto de juicio,
> cuando el portal es mayor que el edificio.

O que es semejante a:

> Casa rural de la montaña,
> magnífica portada y adentro una cabaña.

No creo, señor don Alonso, que mi prólogo merezca esta censura, porque la casa es bien dilatada y grande, a lo que me respondió:

> Non quia magna bona, sed quia bona magna.

Hice mal juicio del latín, porque sólo me quiso decir el visitador que contenía una sentencia de Tácito, con la que doy fin poniendo el dedo en la boca, la pluma en el tintero y el tintero en un rincón de mi cuarto, hasta que se ofrezca otro viaje, si antes no doy a mis lectores el último vale.

Primera parte

Capítulo I

Exordio. -Montevideo. - Los Gauderios

Canendo et ludendo refero vera [45]

Si fuera cierta la opinión común, o llámese vulgar, que viajero y embustero son sinónimos, se debía preferir la lectura de la fábula a la de la historia. No se puede dudar, con razón, que la general extractó su principal fondo de los viajeros, y que algunas particulares se han escrito sobre la fe de sus relaciones. Las cifras de los peruleros [46] en quipus [47], o nudos de varios colores, los jeroglíficos o pinturas de los mexicanos, la tradición de unos y otros, vertida en cuentos y cantares y otros monumentos corresponden (acaso con más pureza) a nuestros roídos pergaminos, carcomidos papeles, inscripciones sepulcrales, pirámides, estatuas, medallas y monedas, que por su antigüedad no merecen más crédito, porque así como no estorban las barbas para llorar, no impiden las canas para mentir. Con estos aparatos y otros casi infinitos se escribieron todas las historias antiguas y modernas. Los eruditos ponen las primeras en la clase de las fábulas, y a las segundas las comparan a las predicciones de los astrólogos, con la diferencia de que éstos, como conferencian con los dioses, anuncian lo futuro, y aquéllos, no pudiendo consultar más que con los mortales, sólo hacen presentes los sucesos pasados.

Supuesta, pues, la incertidumbre de la historia vuelvo a decir, se debe preferir la lectura y estudio de la fábula, porque siendo ella parto de una imaginación libre y desembarazada, influye y deleita más. El héroe que propone es, por lo general, de esclarecida estirpe, hábil, robusto, diligente y de agradable presencia. Insensiblemente le empeña en los lances de peligros. Le acusa sus descuidos y algunas veces los castiga con algún suceso adverso, para que el honor le corrija, y no el miedo. Jamás le desampara ni pierde de vista. En los lances y empresas en que no alcanzan las fuerzas humanas, ocurre a las divinas, por medio de las cuatro principales cartas de aquella celestial baraja.

45 *Canendo et ludendo refero vera*: cantando y chanceando cuento la verdad
46 *Perulero*: persona venida del reino del Perú a España, sujeto adinerado.
47 *Quipus*; del quichua *Kipu* - s. nudo, atadura, complejo sistema de nudos en cuerdas de grosor y tamaño variables que tenían los incas para contar, llevar contabilidades complejas y, también, para recordar.

Juno y Venus, rivales desde la decisión del pastor de Ida [48], siguen opuesto partido, procurando cada una traer al suyo al altisonante Júpiter que, como riguroso republicano, apetece la neutralidad; pero deseando complacer a las dos coquetas, arroja rayos ya a la derecha, ya a la izquierda, en la fuerza del combate, para que quede indecisa la victoria. La implacable Juno abate toda su grandeza, suplicando a Eolo sople, calme o se enfurezca. La bizca manda a Marte, como Proserpina a un pobre diablo. Palas no sale de la fragua del cojo herrero hasta ver a su satisfacción templados broqueles y espadas, y la sabia diosa no se desdeña transformarse en un viejo arrugado y seco, para servir de ayo y director del hijo único de Penélope [49]. En fin, triunfa el principal héroe de la fábula, que coloca en el inmortal sagrado templo de la fama bella.

No se debe extrañar mucho que los dioses de la gentilidad se interesen en los progresos de los mortales, porque descendiendo de la tierra, es natural tengan algún parentesco o alianza con los héroes de la fábula, o lo menos los moverá el amor de la patria de donde derivan su origen. Lo que causa admiración es que los diablos, así pobres como ricos, y de quienes hacen tan mal concepto vivos y difuntos, franqueen sus infiernos a estos héroes hasta llegar al gabinete de Plutón, y Proserpina, sin impedimento del rígido Radamante [50] y del avaro Charón, como dicen los franceses *fort bien*. Pero lo que más asombra es la benignidad del dios de los infiernos en haber permi-

48 *Pastor de Ida*: Paris, hijo de Príamo, rey de Troya, quien fuera abandonado por su madre Hécuba entre los arbustos del monte Ida. Cuenta la historia que se celebraron unas importantes bodas a la que estaban invitados dioses y mortales. Los contrayentes eran Peleo y Tetis, un mortal y una diosa, lo que explica la afluencia de invitados. Tetis, una nereida, hija de Nereo, antiguo y anciano dios del mar, era, por tanto, una divinidad marina e inmortal y Peleo, discípulo del centauro Quirón, era el afortunado mortal que tenía el privilegio de casarse con una diosa. Pero no todos habían sido invitados a la fiesta: la diosa Éride (Discordia) quiso hacer notar su ausencia y se presentó en la fiesta con una manzana de oro que tenía grabada la siguiente frase: "Para la más bella". Lanzó la manzana sobre la mesa donde se sentaban los dioses y se retiró. Tres de las diosas presentes en el banquete, Hera (Juno), Atenea (Minerva) y Afrodita (Venus), se creyeron merecedoras del título y se lanzaron a por la manzana. La enojosa situación que se produjo entonces no tenía fácil solución y ni el mismo Zeus (Júpiter) quiso intervenir en una decisión tan comprometida. Encargó a su fiel hijo Hermes (Mercurio) que condujese a las tres diosas al monte Ida, en la llanura de Troya, y se las presentase a Paris, bello joven, hijo del rey Príamo de Troya, que pas-toreaba los rebaños reales en aquel lugar. Él debía ser el encargado de dirimir el pleito, según voluntad de Zeus, y así se lo explicó el dios mensajero Hermes al asustado joven. Durante el juicio cada diosa hizo valer sus méritos al título pero además le prometieron a Paris beneficiosos dones si éste fallaba a su favor. Hera se comprometió a hacerle soberano de toda el Asia. Atenea le ofreció la prudencia y la victoria en todos los combates y Afrodita le brindó el amor de la mortal más hermosa de Grecia, Helena de Esparta. Paris dio la manzana a Afrodita, granjeándose así la fiel protección de la diosa para él y los suyos para siempre, y la enemistad de las otras dos diosas, lo que quedará reflejado en la Guerra de Troya.

49 *Hijo de Penélope*: Telémaco, hijo de Odiseo (Ulises).

50 *Radamante*: Hijo de Zeus y Proserpina, princesa fenicia de gran belleza, y hermano de Minos y Sarpedón. Eaco, Triptólemo y Radamante eran los jueces infernales.

51 *Charon*: o Caronte, barquero de la laguna Estigia a quien los muertos estaban obligados a pagar por el pasaje.

tido la salida de ellos a los hijos de Ulises y de Apolo. Algunas veces me puse a discurrir el motivo que tendría Orfeo para buscar a su mujer en los infiernos, habiendo muerto con verdaderas señales de mártir de la honestidad, y a Telémaco solicitar a su padre en los campos Elipsios, siendo constante que fue un héroe algo bellaco; pero no es lícito a los mortales averiguar los altos juicios de los dioses.

Sin embargo, de los prodigios que cuentan los fabulistas, vemos que en todas edades y naciones se han aplicado a la historia los hombres más sabios. No se duda que algunos han sido notados de lisonjeros, y aún de venales, pero no faltaron otros tan ingenuos que no perdonaron a sus parientes y amigos, haciendo manifiestos sus defectos y publicando las buenas prendas de sus más acérrimos enemigos. Todos concurrimos a la incertidumbre de la historia, porque no hay quien no lea con gusto los aplausos que se hacen a su nación y que no vitupere al que habla de ella con desprecio o con indiferencia. En toda la Europa tiene gran crédito nuestro historiador Mariana [52] por su exactitud e ingenuidad, y con todo eso, muchos de los nuestros le tienen por sospechoso, y desafecto a la nación. La más salada en disparates, honró a Mariana con el epíteto, que se da comúnmente a las inquilinas de Lupa [53], por que hablando de sus antepasados, los trató de incultos y de lenguaje bárbaro y grosero. Dudo que fuesen más pulido los montañeses de Asturias, Galicia y Navarra, pero pasamos este rasgo a Mariana por la complacencia que tenemos en oír la defensa de los vulgares vizcaínos.

Los viajeros (aquí entro yo), respecto de los historiadores, son lo mismo que los lazarillos, en comparación de los ciegos. Estos solicitan siempre unos hábiles zagales [54] para que dirijan sus pasos y les den aquellas noticias precisas para componer sus canciones, con que deleitan al público y aseguran su subsistencia. Aquellos, como de superior orden, recogen las memorias de los viajeros más distinguidos en la veracidad y talento. No pretendo yo colocarme en la clase de éstos, porque mis observaciones sólo se han reducido a dar una idea a los caminantes bisoños de el camino real, desde Buenos Aires a esta capital de Lima, con algunas advertencias que pueden ser útiles a los caminantes y de algún socorro y alivio a las personas provistas en empleos para este dilatado virreinato, y por esta razón se dará a este tratadito el título de *Lazarillo de bisoños caminantes*. Basta de exordio y demos principio a nuestro asunto.

Tengo dicho en mi Diario Náutico que a los ochenta y cuatro días de haber salido de la ría de la Coruña, en el paquebote correo de S. M. nombrado el "Tucumán", dimos fondo a la vela en la algosa arena de la mejor ensena-

52 *Mariana*: se refiere al Padre Juan de Mariana, nacido en Talavera de la Reina, en el año 1536 y fallecido en Toledo en 1623. Se decía que de niño fue llevado a bautizar desde la labranza de Salguero, situada en el valle del río Sangrera, en el término de La Pueblanueva; por un labrador llamado Juan, y su madre llamada Mariana, de donde se le impuso el nombre de Juan de Mariana. Su obra más conocida y extensa fue la Historia General de España, escrita entre 1592 y 1601, y la de mayor trascendencia es De Rege et regis institutione publicada en Toledo en el año 1598.

53 *Inquilinas de Lupa*: prostitutas. En la antigua Roma se llamaba "Lobas" a las prostitutas, de ahí la palabra "lupanar"

54 *Zagal*: el inferior de los dos caleseros o mozos que van con un tiro de mulas.

da que tiene el Paraná. Al amanecer del siguiente día, y mientras se preparaba la lancha, me despedí de los oficiales y equipaje con alegre pena y en particular del salado [55] contramaestre, a quien llamé aparte y pregunté confidencialmente y bajo de palabra de honor, me diese su dictamen sobre la vagante isla de Samborombón. Se ratificó en lo que me dijo, cuando nos calmó el viento entre las islas de Tenerife, Gomera, Palma y Fierro: esto es, que en ningún tiempo se veía la isla en cuestión, sino en el de vendimia, aunque subiesen sus paisanos sobre el pico de Tenerife; le volví a suplicar me dijese lo que sabía sobre el asunto de llamar a aquella fantástica isla de Samborombón, y me respondió con prontitud que no había visto el nombre de tal santo en el calendario español, ni conocía isleño alguno con tal nombre, ni tampoco a ninguno de los extranjeros con quienes había navegado, y que, desde luego, se persuadía que aquel nombre era una borondanga, o morondanga [56], como la que dijo Dimas a Gestas. Le abracé segunda vez, y haciendo otra reverencia a los oficiales, me afiancé de los guardamancebos para bajar a la lancha, porque en estos pequeños bajeles es ociosa la escala real. Empezaron a remar los marineros a la flor del agua y palanquearon hasta poner la proa poco más de una vara de la dura arena, a donde se desciende por una corta planchada. Desde la playa a la población hay una corta distancia, que se sube sin fatiga, y en su planicie está fundada la novísima ciudad con el título de

Montevideo

voz bárbara, o a lo menos viciada o corrompida del castellano, Monteveo, o portugués Monteveio, o de latín Montemvideo. En atención a su hermosa ensenada y otros respetos, dio principio a su fundación el año de 1731, con corta diferencia, don Bruno de Zabala, con catorce o quince familias que se condujeron por don Domingo de Basavilbaso, en navío de don Francisco Alzaibar, de la isla y ciudad de la Palma, una de las Canarias. Se hallaba de gobernador interino, por ausencia del propietario, brigadier don Agustín de la Rosa, el mariscal de campo don Joaquín de Viana, que había sido antes gobernador, con general aceptación. Tiene una fortaleza que sirve de ciudadela, y amenaza ruina por mal construida. Una distancia grande de la playa guarnece una muralla bien ancha de tapín [57], con gruesos y buenos cañones montados. Además de la guarnición ordinaria, se hallaba en ella y en el destacamento de San Carlos el regimiento de Mallorca y los voluntarios de Cataluña. Estaba de comandante del puerto el capitán de navío don José Díaz Veanes, con dos fragatas y un cabequín [58], y de administrador de correos de mar y tierra don Melchor de Viana, y de interventor don Joaquín de Vedia y la Cuadra, personas de estimación y crédito, con un oficial que asiste a la descarga y carga de los bajeles, todos a sueldo por la renta.

55   *Salado*: agudo, gracioso, chistoso
56   *Morondanga*: mezcla de cosas inutiles y sin importancia. *Borondanga* es un vulgarismo.
57   *Tapín*: pedazo de tierra trabada con hierba y raíces, que se corta con la azada
58   *Cabequín*: *Chambequin* o *jabeque*, de *Xebeq*, barco costanero de tres palos con velas latinas, con gran lanzamientos de proa y popa, favorito de los corsarios por su velocidad.

El número de vecinos de esta ciudad y su ejido, aseguran llega a mil. Los curas anteriores al actual no han formado padrones, enfermedad que casi cunde a todo el Tucumán. El año de 1770 nacieron en la ciudad y todo su ejido 170 y murieron 70, prueba de la sanidad del país y también de la poca fecundidad de las mujeres, si fijamos el número de un mil vecinos. Lo más cierto es que los casados no pasarán de trescientos, y que el crecido número que regulan se compone de muchos desertores de mar y tierra y algunos polizones, que a título de la abundancia de comestibles ponen pulperías con muy poco dinero para encubrir sus poltronerías [59] y algunos contrabandos, que hoy día, por el sumo celo de los gobernadores actuales de Buenos Aires y Montevideo, no son muy frecuentes.

También se debe rebajar del referido número de vecinos muchos holgazanes criollos, a quienes con grandísima propiedad llaman gauderios [60], de quienes trataré brevemente. En esta ciudad y su dilatada campaña no hay más que un cura, cuyo beneficio le rinde al año 1500 pesos, tiene un ayudante y cinco sacerdotes avecindados, y no goza sínodo por el rey [61]. Hay un convento de San Francisco, con ocho sacerdotes, tres legos [62] y tres donados [63], que se mantienen de una estanzuela con un rebaño de ovejas y un corto número de vacas, sin cuyo arbitrio no pudieran subsistir en un país tan abundante, en que se da gratuitamente a los ociosos pan, carne y pescado con abundancia, por lo que creo que los productos de la estancia no tendrán otro destino que el del templo y algunos extraordinarios que no se dan de limosna.

El principal renglón de que sacan dinero los hacendados es el de los cueros de toros, novillos y vacas, que regularmente venden allí de seis a nueve reales, a proporción del tamaño. Por el número de cueros que se embarcan para España no se pueden inferir las grandes matanzas que se hacen en Montevideo y sus contornos, y en las cercanías de Buenos Aires, porque se debe entrar en cuenta las grandes porciones que ocultamente salen para Portugal y la multitud que se gasta en el país. Todas las chozas se techan y guarnecen de cueros, y lo mismo los grandes corrales para encerrar el ganado. La porción de petacas en que se extraen las mercaderías y se conducen los equipajes son de cuero labrado y bruto. En las carretas que trajinan a Jujuy, Mendoza y Corrientes se gasta un número muy crecido, porque todos se pudren y se encogen tanto con los soles, que es preciso remudarlos a pocos días de servicio; y, en fin, usan de ellos para muchos ministerios, que fuera prolijidad referir, y está regulado se pierde todos los años la carne de 2000 bueyes y vacas, que sólo sirven para pasto de animales, aves e insectos, sin traer a la cuenta las proporciones considerables que roban los indios pampas y

59 *Poltronerías*: perezas, haraganerías.
60 *Gauderio*: palabra de origen portugués con la que se designaba a los campesinos andariegos de Río Grande do Sud (Brasil) y Uruguay. La palabra "gauderio" pasó al Río de la Plata y sirvió para designar al paisano
61 *No goza sínodo por el rey*: nel rey le ha dispensado de concurrir al sínodo (concilio del clero de una diócesis convocado por el obispo para tratar asuntos eclesiásticos)
62 *Lego*: religioso que no tiene opción a las órdenes sacras
63 *Donado*: hombre o mujer seglar que se retira a un Monasterio para servir a Dios o a los religiosos

otras naciones.

La dirección general de correos había pensado aprovechar mucha parte de esta carne para proveer las reales armadas, en lugar de la mucha que se lleva a España del Norte. Calculados los costos, se halló que con una ganancia bien considerable se podría dar el quintal de carne neta al precio que la venden los extranjeros, en bruto, y que muchas veces introducen carnes de ganados que mueren en las epidemias y de otros animales. Se han conducido a España varios barriles de carne salada en Montevideo, y ha parecido muy buena; pero como este proyecto era tan vasto, se abandonó por la dirección general, siendo digno de lástima que no se emprenda por alguna compañía del país o de otra parte. Yo sólo recelo que el gusto de las carnes y el jugo sería de corta duración y que perdería mucho en el dilatado viaje de Montevideo a España.

Además de las grandes estancias de ganado mayor que hay de la parte occidental del Paraná, se crían muchos carneros de el tamaño de los merinos de Castilla. Se vende cada uno a real y medio. La cuarta parte de un novillo o vaca se da por dos reales, y a veces por menos; doce perdices se dan por un real. Abunda tanto todo género de pescado, que van los criados a las orillas a pescarlo con tanta seguridad como si fueran a comprarlo a la plaza. Es un espectáculo agradable ver las gaviotas y otros acuátiles lanzar en la tierra el pescado y la carne en el agua. Esta increíble abundancia es perjudicialísima, porque se cría tanta multitud de ratones, que tienen las casas minadas y, amenazando ruina, y en medio de ella se compran las gallinas a seis reales cada una, por que, aunque hay mucho trigo, y a precio ínfimo, no puede adelantarse la cría porque los ratones, fastidiados del pescado y carne, se comen los huevos y aniquilan los pollos, sacándolos de debajo de las alas de las gallinas, sin que ellas los puedan defender, por su magnitud y audacia, y por esta razón se conducen las gallinas desde Buenos Aires y valen al referido precio. De esta propia abundancia, como dije arriba, resulta la multitud de holgazanes, a quien con tanta propiedad llaman

Gauderios

Estos son unos mozos nacidos en Montevideo y en los vecinos pagos. Mala camisa y peor vestido, procuran encubrir con uno o dos ponchos, de que hacen cama con los sudaderos del caballo, sirviéndoles de almohada la silla. Se hacen de una guitarrita, que aprenden a tocar muy mal y a cantar desentonadamente varias coplas, que estropean, y muchas que sacan de su cabeza, que regularmente ruedan sobre amores. Se pasean a su albedrío por toda la campaña y con notable complacencia de aquellos semibárbaros colonos, comen a su costa y pasan las semanas enteras tendidos sobre un cuero, cantando y tocando. Si pierden el caballo o se lo roban, les dan otro o lo to-

to, habiendo valido otros años hasta catorce y diez y seis, por el mucho comercio que tenían los portugueses.

El número de almas de que se compone esta ciudad y su ejido se verá con distinción en el plan siguiente:

Resumen del numero de almas que existían el año de 1770 en la ciudad de la Santísima Trinidad y puerto de Santa María de Buenos Aires, con la razón de los que nacieron y murieron en dicho año, según consta de los libros parroquiales y la que dieron las comunidades de religiosos de ambos sexos y demás.

Parroquias	N° de almas	Nacidos	Muertos
Catedral	8146	525	316
San Nicolás	5176	344	185
La Concepción	3529	318	158
Monserrat	2468	184	96
La Piedad	<u>1746</u>	<u>151</u>	<u>91</u>
	21065	1520	846

Clérigos regulares y monjas 77

Santo Domingo	101		
San Francisco	164		
La Merced	86		
Recoleta de San Francisco	46		
Betlemitas	<u>88</u>		
	942	de este n° murieron	85

Capuchinas	40
Catalinas	72

Huérfanos	99		
Presidiarios	101	Nacidos	1520
Cárcel	68	Muertos	<u>931</u>
		Aumento	589
Total	22007		

División del número de almas que consta arriba:

3639 hombres españoles, en que se incluyen 1854 europeos, los 1398 de la península, 456 extranjeros y 1785 criollos.
4508 mujeres españolas.
3985 niños de ambos sexos.

5712   oficiales y soldados de tropa reglada, clérigos, frailes, monjas y dependientes de unos y de otros; presos presidiarios, indios, negros y mulatos, libres, de ambos sexos y de todas edades.

<u>4163</u>   esclavos negros y mulatos de ambos sexos y de todas edades.

22007   De los 3639 hombres españoles están compuestas las milicias de esta ciudad, en la forma siguiente:

24   compañías de caballería, de vecinos, de a 50 hombres, sin oficiales, sargentos v cabos.

9   dichas de forasteros, de infantería, de a 77 hombres, ídem.

1   de artilleros provinciales, de 100 hombres.

8   también hay 8 compañías de indios y mestizos, de a 50 hombres, ídem.

8   dichas de mulatos libres, de caballería ídem.

<u>3</u>   de infantería, de negros libres, ídem

53   hacen 53 compañías, las 40 de caballería y 13 de infantería.

Españoles casados

Europeos	942	y el resto de	912	solteros
Criollos	1058	y el resto de	727	ídem.
	2000		1639	

En el hospital de la ciudad, destinado para curar pobres mujeres, no han dado razón de las enfermas, y sólo se supo que el año de 1770 habían muerto siete, que se incluyeron en el número de finados.

Hasta el año de 1747 no hubo establecimiento de correos en Buenos Aires, ni en todo el Tucumán, no obstante el mucho comercio que tenía aquella ciudad con todas las tres provincias, reino de Chile y parte del Perú. Los comerciantes despachaban correos a su costa, según las necesidades, de que se aprovechaban algunos vecinos; pero los más escribían con pasajeros, que por lo general hacían sus viajes en carretas hasta Jujuy y Mendoza, volviendo las respuestas muy tarde o nunca.

El primero que promovió correos fijos a fines del 47 o principios del 48, fue don Domingo de Basavilbaso, gobernando aquella provincia el señor Andonaegui, mariscal de campo, de nación canario.

De la propuesta que hizo don Domingo dio traslado a la casa del conde de Castillejo, que despertando del descuido en que se hallaba, envió poder al mismo don Domingo para que tomase en arrendamiento el oficio o le rematase en el mejor postor, como lo ejecutó, no conviniéndole en los términos que proponía la casa, y desde dicho año 48 dio principio la época de correos de Buenos Aires y demás provincias del Tucumán.

Esta ciudad está bien situada y delineada a la moderna, dividida en cua-

que la nieve sólo se apetecía en los países ardientes y que para un gusto causaba tres dolores, sin entrar en cuenta los crecidos gastos que las aguas compuestas y exquisitos dulces que regularmente hay en las botellerías, que provocan a las damas más melindrosas y alivian de peso las faltriqueras de el mayor tacaño. Se rió el amigo, y creo que desde entonces echó en olvido las escarchas, como lo hizo con las cenas de las noches de máscaras, que ya se habían introducido en aquella ciudad, como los ambigús, a costa de mucho expendio y algunas apoplejías.

No creo que pasen de diez y seis coches los que hay en la ciudad. En otro tiempo, y cuando había menos, traían las mulas del campo y las metían en sus casas a la estaca, sin darles de comer, hasta que de rendidas no podían trabajar, y mandaban traer otras. Hoy día se han dedicado a sembrar alcacer [69], que traen a la ciudad con algunas cargas de heno para las caballerías, que se mantienen muy mal, a excepción de las de algunos pocos sujetos, que hacen acopio de alguna paja y cebada de las próximas campañas.

Por el cotejo de los que nacen y mueren, se infiere la sanidad del lugar. En los meses de Junio, Julio, Agosto y Septiembre, se levantan muchas neblinas del río, que causan algunos accesos de pecho. Los pamperos, que son unos vientos fuertes, desde el Suroeste, al Oesudoeste, incomodan bastantemente por su violencia, y en la campaña hacen estremecer las carretas que cargadas tienen de peso doscientas arrobas. De éstas haré una descripción más adelante, para los curiosos. Ahora voy a dar una noticia importante a los señores viajeros, y en particular a los que vienen de España con empleos a este dilatado reino.

Los provistos para la jurisdicción de la Audiencia de la Plata caminaran conmigo, eligiendo los bagajes más acomodados a su constitución; pero los provistos para el distrito de la real Audiencia de Lima, y con precisión los de Chile, tomarán en Buenos Aires las medidas para llegar a Mendoza al abrirse la cordillera, que por lo regular es a principios de Noviembre. Este mes es el de los alentados. El de Diciembre y Enero son regulares y Corrientes. Febrero y Marzo, meses de provinciales que nunca esperan a Abril y parte de Mayo, por no exponerse a alguna tormenta que se adelante. Los cinco meses restantes del año son arriesgados y trabajosos, y sin embargo de las casillas que se han puesto sólo pueden aventurarse los correos, que caminan a pie, por precisa necesidad una gran parte del camino, porque estando cubierto de nieve, se morirían las bestias de hambre, y lo poco que se paga no alcanzaría para llevarlas a media carga de paja y cebada, que no es imposible.

Hasta Mendoza y Jujuy se puede caminar cómodamente en coche, silla volante o carretilla, pero será preciso al que quisiere esta comodidad y no experimentar alguna detención, adelantar un mozo para que apronte caballos, porque aunque hay muchas mulas hay pocas mansas, porque no las usan en sus trajines, a excepción de los arrieros de San Juan de la Frontera, con quie-

69 *Alcacer*: la mies del trigo o cebada cuando está verde y sin cuajar el grano

nes también se puede caminar al uso del país, llevando buenas tiendas de campaña, para los muchos despoblados que hay, exponiéndose también a una irrupción de indios pampas, que no saliendo más que en número de cincuenta, los pueden rebatir y contener doce buenos fusileros que no se turben con sus formidables alaridos, teniendo cuidado de sacar del Pergamino dos a más soldados, para que mañana y tarde registren la campaña. Estos pampas, y aún las demás naciones, tienen sus espías, que llaman bomberos, a quienes echan a pie y desarmados, para que, haciendo el ignorante, especulen las fuerzas y prevenciones de los caminantes, tanto de caballería y recuas como de carretería y demás equipajes, para dar cuenta a sus compañeros. No hay que fiarse de ellos en los despoblados, sino despedirlos con arrogancia, aunque digan que se acogen a la pascana por huir de sus enemigos.

Estos indios pampas son sumamente inclinados al execrable pecado nefando. Siempre cargan a las ancas del caballo, cuando no van de pelea, a su concubina o barragana, que es lo más común en ellos, y por esta razón no se aumentan mucho. Son traidores, y aunque diestrísimos a caballo y en el manejo de la lanza y bolas, no tienen las correspondientes fuerzas para mantener un dilatado combate. Siempre que han vencido a los españoles, o fue por sorpresa o peleando cincuenta contra uno, lo que es muy común entre indios contra españoles y mestizos.

En este camino, desde el Saladillo de Ruy Díaz, donde se aparta para Chile, rara vez se encuentran pan y vino hasta San Luis de la Punta, de que se hará provisión en Buenos Aires, como asimismo de toda especería y demás que contribuye el regalo. En los pagos y estancias no falta todo género de carnes, y en Mendoza se hará provisión hasta el valle de la Aconcagua, en donde da principio la amenidad y abundancia del reino de Chile.

Ya es tiempo de sacar de Buenos Aires a los señores caminantes, que dirigiremos en carretas, por ser el viaje más usual y cómodo, por el itinerario siguiente, que dividiré en jurisdicciones, dando principio por la de Buenos Aires.

Capítulo III

De Buenos Aires hasta el Carcarañal. - Las postas. - La campaña y sus habitantes. - Las travesías

	Leguas
De Buenos Aires a Luján	14
A Areco	10
Al Arrecife	10
Al Pergamino	10
A la India Muerta	16
A la Esquina de la Guardia o Carcarañal	<u>24</u>
	84

En el intermedio de Buenos Aires a Luján, hay otra posta que situó el administrador don Manuel de Basavilbaso.

La salida de Buenos Aires tiene dos rutas, ambas de carretas, para llegar a Luján: la una, que es la más común, está al Oeste, que se dice por la capilla de Merlo, y la otra a la banda del Este, que llaman de las Conchas, por un riachuelo de este nombre que baña mucho territorio. Este camino es deleitoso y fértil en más de ocho leguas, con quintas y árboles frutales, en que abunda mucho el durazno. También hay muchos sembrados de trigo y maíz, por lo que de día se pastorean los ganados y de noche se encierran en corrales, que se hacen de estacas altas que clavan a la distancia del ancho del cuero de un toro, con que guarnecen la estacada, siendo estos corrales comunes en toda la jurisdicción de Buenos Aires, por la escasez de madera y ninguna piedra. Pasado el riachuelo, que nunca puede tener mucha profundidad, por extenderse en la campaña, causando en tiempo de avenidas muchos atolladeros y bañados, que incomodan y atrasan las jornadas, se encuentra un monte poco espeso de árboles, que llaman Tala, y se dilata por el espacio de dos leguas. El dueño tiene su casa dentro del propio monte, cerca del camino real, en una ensenada muy agradable, y le hallé en su patio rajando leña, sin más vestido que unos andrajosos calzones. Dijo que tenía 85 años y su mujer igual edad, ambos españoles y con porción de hijos y nietos que se mantenían del producto de la leña de aquel monte, a donde la iban a comprar los carreteros de Buenos Aires. Esta familia se compone toda de españoles criollos, y me dijeron que cerca de su casa (así dicen cuando sólo dista cuatro o cinco leguas) me dijeron, vuelvo a decir, vivía un gallego que tenía 110 años y que sólo en la vista había experimentado alguna intercadencia.

Todo el país de Buenos Aires y su jurisdicción es sanísimo, y creo que las dos tercias partes de los que mueren son de caídas de caballos y cornadas de toros, que los estropean, y como no hay buenos cirujanos ni medicamentos, son éstas las principales enfermedades que padecen y de que mueren.

Lo demás del territorio, como sucede en todo el camino de la capilla del Merlo, es campaña de pastos, con infinidad de cardos, que sirven de leña e incomodan y aniquilan al ganado menor. Por esta ruta hay a Luján 18 leguas, y porque hay de rodeo cuatro y eximirse de los bañados de las Conchas siempre se elige aquel camino, que es el de los correos. Luján tiene título de villa, con poco más a menos sesenta vecinos, entre los cuales apenas hay dos capaces de administrar justicia, y así regularmente echan mano, para alcaldes, de los residentes del pago de Areco. Su jurisdicción es de 18 leguas, que se cuentan desde el río de las Conchas hasta el de Areco. A la entrada de Luján hay un riachuelo de este nombre, que en tiempo de avenidas cubre algunas veces el puente.

El pago de Areco tiene muchos hacendados, con un río de corto caudal y de este nombre, con espaciosas campañas, en donde se cría todo género de ganados; pero a lo que más se aplican es al mular, que venden tierno a los invernadores de Córdoba. Los caballos de su uso todos son corpulentos y capones, y hay sujeto que tiene cincuenta para su silla y a correspondencia toda su familia, que tienen en tropillas de a trece y catorce, con una yegua que llaman madrina, de que jamás se apartan. Esto propio sucede, con corta diferencia, en todas las campañas de Buenos Aires. El riachuelo tiene buenos vados y se podía fácilmente construir puente, por caminar por un estrecho barranco. Aquí se nombró de maestro de postas a don José Florencio Moyano, que puede aprontar en todo tiempo doscientos caballos.

El pago nombrado el Arrecife, dicho así por un río que tiene este nombre, es igual al de Areco. En este pago hay una capilla y alrededor de ella quince o diez y seis casas reunidas, y antes, a alguna distancia, otras cinco, que componen por todas veinte familias que se ejercitan en la cría de ganados y mulas, con muy corta labranza. Esta capilla, y las demás que en lo sucesivo nombraré, se debe entender anexo de curato, en donde se dice misa los días de fiesta, que regularmente sirven los frailes, por acomodarse mejor a un corto estipendio. El pueblo nombrado el Baradero, a donde asiste el cura, dista catorce leguas.

En el sitio nombrado el Pergamino hay un fuerte, que se compone de un foso muy bueno con su puente levadizo de palos, capaz de alojar adentro cuarenta vecinos que tiene esta población, y son otros tantos milicianos con sus oficiales correspondientes. Tiene cuatro cañoncitos de campaña y las armas de fuego correspondientes para defenderse de una improvisa irrupción de indios pampas, en cuya frontera está situado el presidio, que comanda el teniente de dragones don Francisco Bamphi, a cuya persuasión aceptó la maestría de postas Juan José de Toro, que era el único que podía serlo en un sitio tan importante. Hay en el presidio cuatro soldados pagados y tiene el Rey caballos de su cuenta y mientras se mantuviere en este sitio oficial por Su Majestad, no faltaran los necesarios para las postas y trajinantes. De las diez y seis leguas que dista a la India Muerta, las tres están pobladas a trechos con algunos criadores pobres y las trece restantes se dicen de travesía, quesólo tienen agua en tiempo de lluvias. Hay muchos avestruces y se encuentran montones de huevos, que algunas veces llegan a sesenta, por lo que me persuado que ponen algunas hembras en un propio lugar. Empollan los machos más robustos y defienden bien huevos y polluelos.

Las veinticuatro leguas que hay desde este sitio a la Esquina de la Guardia, a paraje nombrado del Carcarañar, por haber vivido en él un cacique de este nombre, no tiene más habitantes que multitud de avestruces. En toda esta travesía no hay agua en tiempo de seca, pero en el de lluvias se hacen unos pozos y lagunillas, a donde bajan a beber los ganados cimarrones, y acontece algunas veces que se llevan las caballerías de los pasajeros, dejándolos a pie, con riesgo de sus vidas. Por esta consideración se ajustó que pagasen los correos del Rey en esta travesía ocho reales más y los particulares diez y seis, por las remudas de caballos. En esta esquina tiene una hacienda Fernando Sueldo, a quien se nombró de maestro de postas y se encontró otro teniente de dragones con cuatro soldados pagados, que iba a establecer en sus cercanías otro fuerte, que también cooperó a que aceptase la maestría de postas el referido Sueldo. Los militares, según he observado, tienen particular gracia y persuasión para inducir al servicio del Rey, causándome una alegre compasión ver a un hombre de honor reducido a vivir en la estrechez de un carretón: en él tenía, con bastante aseo, su cama; le servía de mesa un corto baúl, en donde tenía un papel, tintero y algunos libritos y un asiento correspondiente. Comió con el visitador aquel día, que se detuvo allí, con gran marcialidad, y con la misma mostró su palacio, dando por escusa de no haberle alojado en él su concisión.

Desde este sitio a la banda del Este se divisa el río Tercero y se entra en la jurisdicción del Tucumán, que todos dividen en el pueblecito que está poco distante del Oeste, nombrado la Cruz Alta, a donde no hay necesidad de entrar. En todas estas ochenta y cuatro leguas de camino, a excepción de las dos travesías, hallarán ustedes vacas, corderos o pollos en abundancia, a poca costa. Las casas de postas son las mejores, en donde puede descansar a su albedrío el caminante que enfadado de la lentitud de las carretas, se quiera adelantar con una competente cama, que puede llevar en un caballo. El camino es llano y duro y se puede galopar a todas horas. Las veinticuatro leguas de esta travesía se pueden andar en ocho horas, con sólo una remuda de caballos; pero cuidado con las travesuras que algunos hacen por la campaña, en que se ocultan con la yerba algunas madrigueras que hacen los quirquinchos, bolas y otros animalitos para su habitación, en que tropiezan los caballos y con la violencia de la carrera causan algunas veces arriesgadas caídas a los jinetes. Los caballos están tan hechos a andar estas travesías en pocas horas, que sin agitarlos galopan a media rienda voluntariamente; pero tendrá cuidado el caminante también en medir las horas para que el sol no le moleste mucho. La mejor para esta travesía, si no hay luna, es la de las dos de la mañana, para tenerla concluida a las diez del día, aunque se apee un rato a tomar algún desayuno y remudar caballos, llevando siempre alguna porción de agua, con lo demás que necesite, según su gusto y complexión; y con estas advertencias, que servirán de regla general, vamos a entrar en la provincia de más extensión, que es la del Tucumán, la cual se va a dividir en jurisdicciones, según el itinerario del visitador.

Capítulo IV

Jurisdicción de Córdoba. - La ciudad y la campaña. - Santiago del Estero - El territorio y el soldado Santiagueño

Jurisdicción de Córdoba

	Leguas
De la Esquina de la Guardia la Cabeza del Tigre	7
Al Saladillo de Ruy Díaz	5
Esquina de Castillo	9
Al Fraile Muerto	2
A la Esquina de Colman	8
A la Esquina del Paso de Ferreira	3
A Tío Pugio	5
A los Puestos de Ferreira	3
A Ampira	10
Al Río Segundo	5
A Córdoba	9
A Sinsacate	14
A La Dormida	16
A Urahuerta	10
Al Cachi	7
	113

A la salida del Carcarañar, o llámese de la Esquina de la Guardia, da principio la provincia del Tucumán, siguiendo el camino real de los correos por la jurisdicción de Córdoba, costeando el río Tercero por la banda del oeste. Este río es muy caudaloso, de aguas turbias y mansas, algo salado y con bastantes peces que cogen los muchachos por mera diversión, dejándolos a las orillas, porque sus naturales, sin embargo de que la carne no está tan abundante como en los pagos de Buenos Aires, no los aprovechan; ni aun los perros los quieren comer. Por la una y otra banda está bordado de sauces, chañares y algarrobos. Los pastos no son tan finos como los de Buenos Aires, pero son de más fuerte alimento para los ganados. Los caballos y bueyes son fuertes y de mucho trabajo. Una y otra banda están pobladas a trechos de algunos pequeños criadores, que también cogen trigo y cebada. La fruta más común es el durazno. Muchachos, mujeres y hombres, aunque no sepan nadar, pasan este río en caballos, que son diestrísimos. Conducen forasteros de la una a la otra banda en un cuero de toro en figura de una canasta cuadrilonga, por el corto estipendio de dos reales, sin perder casi nada el barlovento, porque los caballos son tan diestros que siempre presentan el pecho a la corriente, y en cada viaje llevan dos hombres con su aderezo de caballos, pellones y maletas.

Así como a la India Muerta y al Fraile Muerto se dice comúnmente porque algún tigre mata a una india o a un fraile, se dice también que la Cabeza del Tigre es porque un hombre mató a una fiera de este nombre y clavó su cabeza en aquel sitio. El Saladillo de Ruy Díaz, y que comprende a todos los Saladillos, se dice porque siendo comúnmente las aguas algo saladas, se hacen mucho más las que en las avenidas se quedan remansadas en algunos bajos de arena salitrosa que, aunque corran en tiempo de lluvia, siempre mantienen un amargo fastidioso. Igualmente se dicen Esquinas a aquellos sitios bajos por donde el río se extiende más y no hay bajada perpendicular para vadearlos, como las del Castillo y de Colman. Es opinión común que esta voz de Colman fue apellido de un inglés tan valeroso que habiendo perdido un brazo en un combate, y después de haberse curado, continuó sirviendo con uno solo contra los indios, manejando la lanza y alfanje con el mismo denuedo y asombro de amigos y enemigos.

Hasta el referido sitio nombrado el Saladillo de Ruy Díaz, son comunes las postas de las dos rutas de Potosí, y Chile, de que daré razón al fin de esta primera parte por no interrumpir mi viaje. La posta situada en el Fraile Muerto, con la distancia sólo de dos leguas, se ajustó a pedimento de la parte y con atención a ser un pueblecito en donde acaso será conveniente se detengan los pasajeros para habilitarse de algunos comestibles o descansar. Con más consideración se puso posta en el Paso de Ferreyra, por donde regularmente se vadea el río y se ejecutará con más seguridad con caballos de refresco. A la Esquina de Castillo se habían cargado las aguas, por lo que no pudieron pasar por ella las carretas. Los correos y gentiles hombres a la ligera, pueden pasar en todo tiempo por la esquina que más le acomodase y, para mayor seguridad, tomarán razón de los colonos más inmediatos.

Antes de pasar a la banda oriental del río, procurarán los caminantes a la ligera llevar alguna prevención de agua para una repentina necesidad, pues aunque esta el río próximo, sólo en las esquinas o pasos tiene fácil descenso, y sin embargo de que a la parte occidental y muy cerca del camino real se presentan algunas lagunas que forman las lluvias, no se puede sacar agua de ellas porque en toda la circunferencia, y en más de cuatro varas, hay grandísimos atolladeros que causan la multitud de ganados que beben en ellas. Todas las casas, aunque estén muy próximas al río, tienen sus pozos, sin más artificio que una excavación y un bajo pretil de adobes. Los cubos con que se saca el agua son de cuero crudo, que causa fastidio verlos, pero el agua es más fría y cristalina que la del río.

Los Puestos de Ferreyra se dicen así porque en un llano de bastante extensión tiene su casa y varios ranchos un hacendado de este apellido, llamado don Juan, a quien se estaba disputando la posesión. El sitio de Ampira, hacienda y tierras propias del sargento mayor don Juan Antonio Fernández, tiene varios manantiales de agua perenne, dulce y cristalina, con muchos bosquecillos muy espesos y agradables a la vista, de que es maestro de postas su hijo don Juan José Fernández, con beneplácito de su padre. Tiene buenas casas y el sitio convida a que los pasajeros se desahoguen y descansen de sus fatigas.

Desde dicho sitio se empieza a perder de vista el río Tercero y a las cinco leguas se presenta el río Segundo, caudaloso y de las más cristalinas y mejores aguas de todo el Tucumán. Su pasaje está a las orillas de una capilla, con algunas casas en donde se pueden proveer los caminantes y correos de algunos bastimentos y agua hasta Córdoba, porque el río se deja a la parte occidental, muy distante del camino, que es de nueve leguas hasta dicha ciudad; terreno bastantemente caluroso y en que sólo en tiempo de lluvias se hacen algunos charcos de agua mala y cenagosa, por el mucho ganado que bebe en ellos. Tres leguas antes de entrar a Córdoba da principio el espeso monte hasta concluir su jurisdicción. De sus cercanías se provee la ciudad de leña seca en carretillas, que vale cada una cuatro reales, que es suficiente para el gasto de un mes en una casa de regular economía. También se sacan de lo interior del monte palos para techar las casas y fábrica de varios muebles.

Córdoba

Ciudad capital de esta jurisdicción y residencia del obispo de toda la provincia del Tucumán, está situada en una estrecha ensenada entre el río Primero y el espeso monte, en terreno llano y arenoso. A la hora de haber llovido se secan sus superficies de modo que se puede salir a la calle sin incomodidad, pero se sienten en las plantas de los pies bastantemente los vapores de la cálida arena. La ciudad es casi cuadrada, con siete iglesias, incluso la plaza mayor, a donde está la catedral, que tiene una perspectiva irregular porque las dos torres que tiene a los dos cantos de la fachada no exceden en altura a la media naranja. El tamaño de la iglesia es suficiente. Su pobre y escaso adorno, y aun la falta de muchas cosas esenciales, manifiestan las limitadas rentas del obispo y capitulares, que acaso no tendrán lo suficiente para una honesta decencia.

Es digno de reparo que una provincia tan dilatada y en que se comercian todos los años más de seiscientos mil pesos en mulas y vacas, con gran utilidad de tratantes y dueños de potreros, estén las iglesias tan indecentes que causa irreverencia entrar en ellas, considerando por otra parte a los señores tucumanes, principalmente de Córdoba y Salta, tan generosos que tocan en pródigos viendo con sus ojos casi anualmente las iglesias de los indios de Potosí al Cuzco tan adornadas, que causa complacencia ver el esfuerzo que hacen unos miserables para engrandecer al Señor con los actos exteriores, que excitan mucho a la contemplación y dan materia a los españoles para que le den gracias y se congratulen de la feliz conquista que han hecho sus antepasados. Esta silla se trasladó a esta ciudad de la de Santiago del Estero por las razones que se dirán en su lugar. A un lado de la catedral está la casa del Cabildo secular, que por su humilde fábrica manifiesta su antigüedad.

En lo demás de la ciudad hay muchas casas buenas y fuertes y, aunque son pocas las que tienen altos, son muy elevados los techos de las bajas y las piezas suficientemente proporcionadas. Tienen tres conventos de frailes: de Santo Domingo, San Francisco y la Merced, y hospital de padres Bethlemitas, que está en los principios de su fundación. También hay dos colegios, adonde se enseñan facultades. El uno se dice real, cuyo rector es clérigo, y el otro es de Monserrat, que su dirección está al cargo de padres de San Francisco, con título de universidad, que provee de borlas a las tres provincias del Tucumán. También hay dos conventos de monjas: de Santa Teresa y Santa Clara, y todos cinco con mucha fama de observantes. En pocos lugares de la América, de igual tamaño, habrá tantos caudales, y fueran mucho mayores si no gastaran tanto en pleitos impertinentes, porque los hombres, así europeos como criollos, son laboriosos y de espíritu. Su principal trato es la compra de mulas tiernas en los pagos de Buenos Aires, Santa Fe y Corrientes que traen a los potreros de Córdoba a invernar, donde también hay algunas crías, y después de fortalecidas y robustas las conducen a las inmediaciones de Salta, donde hacen segunda invernada, que no baja de seis meses ni excede de un año. Allí hacen sus tratos con los que bajan del Perú a comprarlas, cuyo precio estos últimos años ha sido de siete y medio a ocho pesos por cabeza. Otros las envían o llevan de su cuenta para venderlas en las tabladas del Perú, donde tienen el valor según las distancias, valiendo regularmente en la tablada de Coporaca, inmediata al Cuzco, donde se hacen las más gruesas compras, de treinta a treinta y cinco pesos el par. Las contingencias y riesgos de este comercio explicaré con alguna claridad luego que llegue a Salta.

No hubo persona que me dijese, ni a tanteo, el número de vecinos de que se compone esta ciudad, porque ni el Cabildo eclesiástico ni el secular tienen padrones, y no sé como aquellos colonos prueban la antigüedad y distingui-da nobleza de que se jactan; puede ser que cada familia tenga su historia ge-nealógica reservada. En mi concepto, habrá en el casco de la ciudad y estre-cho ejido de quinientos a seiscientos vecinos, pero en las casas principales es crecidísimo el número de esclavos, la mayor parte criollos, de cuantas castas se pueden discurrir, porque en esta ciudad y en todo el Tucumán no hay fra-gilidad de dar libertad a ninguno, y como el alimento principal, que es la carne, está a precio muy moderado y no hay costumbre de vestirlos sino de aquellas telas ordinarias que se fabrican en casa por los propios esclavos, siendo muy raro el que trae zapatos, se mantienen fácilmente y alivian a sus amos con otras granjerías, y con esta su gestión no piensan en la libertad, con la cual se exponían como sucede en Lima.

A mi tránsito se estaban vendiendo en Córdoba dos mil negros, todos criollos de las Temporalidades [70], sólo de las dos haciendas de los colegios de esta ciudad. He visto las listas, porque cada uno tiene la suya aparte, y se pro-cede por familias, que las hay desde dos hasta once, todos negros puros, y criollos hasta la cuarta generación, porque los regulares vendían todas aque-llas criaturas que salían con mezcla de español, mulato o indio. Entre esta multitud de negros hubo muchos músicos y de todos oficios, y se procedió a la venta por familias. Me aseguraron que sólo las religiosas de Santa Teresa tenían una ranchería de trescientos esclavos de ambos sexos a quienes dan sus raciones de carne y vestido de las burdas telas que trabajan, contentán-dose estas buenas madres con el residuo de otras agencias. Mucho menor es el número que hay en las demás religiones, pero hay casa particular que tie-ne treinta y cuarenta, de que la mayor parte se ejercitan en varias granjerías de que resulta una multitud de lavanderas excelentes. Se precian tanto de es-to, que jamás remiendan sus sayas por que se vea la blancura de los fustanes. Lavan en el río, con el agua hasta la cintura, y dicen por vanagloria que no puede lavar bien la que no se moja mucho. Trabajan ponchos, alfombras, fa-jas y otras cosas y, sobre todo, los varones venden cada petaca de cuero y guarnecida a ocho reales, porque los cueros no tienen salida por la gran dis-tancia al puerto, sucediendo lo mismo en las riberas del río Tercero y Cuar-to, en donde se venden a dos reales y muchas veces a menos.

Los hombres principales gastan vestidos muy costosos, lo que no sucede así en las mujeres, que hacen excepción de ambas Américas, y aun de todo el mundo, porque además de vestir honestamente es su traje poco costoso. Son muy tenaces en observar las costumbres de sus antepasados. No permi-ten a los esclavos, y aún a los libres, que tengan mezcla de negro, usen otra ropa que la que se trabaja en el país, que es bastantemente grosera. Me con-taron que recientemente se había aparecido en Córdoba cierta mulatilla muy adornada, a quien enviaron a decir las señoras se vistiese según su cali-dad, y no habiendo hecho caso de esta reconvención la dejaron descuidar y,

---

70 *Criollos de las Temporalidades*: nacidos en tierra americana, dentro de las tierras concedidas
    a los Jesuitas (llamados Regulares de la Compañía) por lo cual resultaban parte de las
    rentas eclesiásticas.

llamándola una de ellas a su casa, con otro pretexto, hizo que sus criadas la desnudasen, azotasen, quemasen a su vista las galas y le vistiesen las que correspondían por su nacimiento, y sin embargo de que a la mulata no le faltaban protectores, se desapareció, porque no se repitiese la tragedia.

Refiero el caso solamente para manifestar el carácter de las cordobesas, trascendente a todo el Tucumán. Estas, por lo general, fomentan los bandos y son causa de tantos pleitos. Cinco ciudades tiene esta provincia, que todas juntas no componen la de Buenos Aires, y en todas ellas hubo recursos al gobernador y audiencia de Chuquisaca, sobre anular la elección de alcaldes que se hizo el año 1772. El que presidió la elección, que se hizo en Córdoba, para aterrorizar al partido contrario mandó acantonar muy anticipadamente cuatrocientos hombres de a caballo, que hizo juntar de aquellas campañas con atraso de la cosecha de trigo que actualmente estaban haciendo. Al sargento mayor y capitán de forasteros, porque pidieron la orden por escrito de lo que debían ejecutar el día de las elecciones, les borró las plazas sobre la marcha y nombró a otros, sin dar más motivo que el que en sí reservaba, porque con toda esta despotiquez se procede en el Tucumán, provincia que por sí sola mantiene los abogados, procuradores y escribanos de la ciudad de la Plata.

Cinco ríos se forman de las aguas que se descuelgan de los altos y montes de Córdoba que, aunque tienen otros nombres, son los más usuales y comunes el Primero, Segundo, Tercero, Cuarto y Quinto, todos caudalosos, y sólo en los contornos de la ciudad se ven algunas peñas y piedra suelta en este río Primero, que no sirven de incomodidad ni por ellas hacen ruido las aguas, que son claras y no causan fastidio al paladar. Los mendocinos proveen esta ciudad mucha parte del año de harinas y siempre de vinos, que regularmente venden a menos precio que en Buenos Aires. Los de San Juan de la Frontera llevan mucho aguardiente en odres. El que llaman resacado, o de cabeza, es tan fuerte y activo que mezclándole dos partes del común, que es muy flojo, tiene tanta actividad como el regular de la Andalucía y Cataluña. Aquí se hará prevención de todo, a excepción de gallinas y pollos, hasta Santiago del Estero o San Miguel del Tucumán.

Las carretas, regularmente, cuando salen de esta ciudad siguiendo el viaje que llevo, no pasan de la otra banda del río, adonde harán prevención de agua los señores caminantes para dos días, no haciendo mucha confianza de la botija que va en cada carreta, porque en el camino sólo se encuentra un pozo, en tiempo de avenidas, que enturbia mucho el ganado y no se halla agua en trece leguas de monte muy espeso y ardiente, hasta que se encuentra la estancia nombrada Caroya, perteneciente al colegio de Monserrat de Córdoba, y entre ésta y Sinsacate está la Hacienda del Rey, nombrada Jesús María, que administra don Juan Jacinto de Figueroa, dueño de aquella, quien se hizo cargo de dar caballos a los correos del rey y de particulares.

De Sinsacate iban los correos antes por San Antonio y San Pedro, pero persuadieron al visitador a que era mejor camino por La Dormida, porque en aquellos sitios sólo había maestres de campo, sargentos mayores y capitanes, con cuyo pretexto se podían excusar a la maestría de postas. Los gobernadores del Tucumán parece hacen granjería de esta multitud de oficiales, que creo excede al número de los soldados que quitan, ponen y reforman, a su arbitrio. He visto mozo de treinta años, muy robusto, de sargento mayor reformado; por lo que se resolvió seguir el camino de La Dormida que dista 16 leguas de Sinsacate; y aunque hay antes varios colonos en el Totoral y en el Simbolar, con agua perenne, son gente de poca consideración, y la mayor parte gauderios, de quienes no se pueden fiar las postas, por lo que esta ha sido preciso ponerla con la distancia de 16 leguas, como sucederá siempre que haya el mismo inconveniente.

Todo este territorio, hasta el Cachi, que es donde concluye la jurisdicción de Córdoba, es de monte muy espeso, haciendo a dilatados trechos unas ensenadas donde están las haciendas y casas de algunos colonos dispersos. A los que caminan en carretas provee el dueño de ella de vaca cada día, a cada dos o tres, según el número de las carretas. En las haciendas y casas de otros habitadores venden sin repugnancia gordos y tiernos corderos y gallinas a dos reales, y pollos, sin distinción de tamaños, a real. También se encuentran algunas calabazas y cebollas, rara vez pan. Se tendrá mucha precaución con los huevos, porque como los naturales no los comen, ni la mayor parte de los transeúntes, y el temperamento es ardiente, se corrompen fácilmente.

Además de los cinco ríos que dije al principio tenía esta jurisdicción con los nombres de 1 a 5, hay muchísimos arroyos en todas las ensenadas que proveen suficientemente de agua a varios hacendados y otros colonos; pero como el terreno es flojo y de arena, se suelen hallar de repente sin agua, que va a manar adonde nunca se ha visto, volviendo otra vez a aparecérsele en los propios sitios. En el camino que va a las Peñas, tirando un poco al nordeste por el monte adentro, se hallan varias veredas de ganado vacuno y caballar que se dirigen al referido sitio de las Peñas, donde hubo población, que se conoce por las ruinas de las casas que están en un agradable y dilatado campo, guarnecido a trechos de árboles muy elevados y gruesos, que desampararon por haberse sumido de repente el agua de un río caudaloso que pasaba muy cerca, como lo indica la gran caja. Caminamos por ella un cuarto de legua buscando siempre la altura y al cabo vimos con admiración un rápido y caudaloso arroyo de agua cristalina que ocupaba todo el ancho de la caja y sólo tenía de largo como un tiro de fusil. Una legua más arriba está la parroquia nombrada Turumba, en un competente pueblo que puede servir de auxilio a los caminantes que necesiten proveerse de caballerías y bastimentos. A la vuelta, que sería como a las cinco de la tarde, encontramos porciones de ganados que iban y venían del referido arroyo.

En el sitio nombrado Los Sauces no se encuentra agua en un cuarto de legua por haberse resumido un río caudaloso, que tiene su nacimiento en el pueblo de Guayascate, que está al noroeste una legua. En el sitio nombrado Los Cocos, esta distante el agua dos leguas y, no obstante, hay algunas chozas con chacaritas y ganado menor. A otras dos leguas de distancia está el río de los Tártaros, cuya agua también se resume en la multitud de arena suelta que hay, y no se puede proveer de ella si no se caminan dos leguas caja arriba. Una legua más adentro reside el maestre de campo don Pedro del Pino, hombre acomodado. Tiene oratorio en su casa en que se dice misa los más de los días de fiesta.

El fuerte nombrado el Río Seco es sitio agradable, con algunos colonos, y a sus orillas se aparecía de repente un trozo de río que sólo ocupa como media legua y se vuelve a sumir entre las arenas sin ruido ni movimiento extraordinario. En el alto de la población y en la plaza hay una noria muy bien construida y abundante de agua cristalina. Un solo muchacho la mueve y saca agua con abundancia; pero los buenos vecinos, que llegan a 30, tienen por más cómodo proveerse del aparecido, que así dicen, que costear las sogas que se rompieron de la referida noria. Es cabeza de partido, donde reside el cura, y tiene una capilla muy buena y de suficiente extensión.

Todo el interior de la jurisdicción está lleno de estos ríos ambulantes en donde se encuentra porción de cochinilla sin dueño que aprovechan los diligentes y sacan o benefician grana, que aunque no es tan fina como la del obispado de Oajaca, en la Nueva España, es mucho mejor que el magno de la provincia de Parinacocha y otras de este reino, y acaso en lo interior de estos espesos, dilatados montes, se hallarán otras producciones de igual utilidad. No se internen en ellos mucho los caminantes por el riesgo de los tigres y recelo de perderse en los laberintos que hacen las muchas sendas.

Santiago del Estero

Del Cachi al Portezuelo	9
A Ambargasta	7
A Ayuncha	30
A Chañar Pugio	14
A Santiago del Estero	8
A Vinará	<u>20</u>
Son leguas	88

Luego que se sale de la posta nombrada El Cachi, da principio la jurisdicción de Santiago del Estero, territorio expuesto a inundaciones y el menos poblado de todo el Tucumán. Los correos siempre pasan por la travesía de 30 leguas que hay de Ayuncha a Ambargasta, y pagan ocho reales más por la remuda de tres caballos, que es en el que va montado el correo, el que lleva las valijas y el del postillón, que ha de volver los caballos. Los pasajeros y correos de particulares, por igual número de caballerías de remuda, pagarán dos pesos, y a proporción en las demás que pidieren para la seguridad y mayor brevedad. En tiempo de avenidas hay muchos bañados que impiden la aceleración del viaje, y por el camino de las carretas suelen formarse unos sequiones y algunos atolladeros que cortan la marcha, siendo preciso aderezarlos con algunos troncos y espesas ramas. Por este camino se rodean de siete a ocho leguas, pero no faltan ranchos que proveen de corderos, gallinas, pollos, huevos, calabazas, sandías y otras menudencias, al mismo precio que en la jurisdicción de Córdoba. El río que pasa a orillas de esta ciudad, que tiene este nombre, es caudaloso y de él se hacen tres formidables lagunas en tierras de los Avipones, indios gentiles, y en cuyos contornos hay copiosas salinas.

En la ciudad de Santiago del Estero estuvo la silla episcopal hasta el año de 1690, que se trasladó a Córdoba, de recelo de las inundaciones del río, que ya había llevado muchas casas. Todavía se mantiene en la plaza la catedral, que sirve de parroquia, que llaman en estos parajes matriz, y tiene mucho mejor fábrica que la de Córdoba. Los vecinos que llaman sobresalientes no llegan a veinte. Algunos invernan porciones de mulas para vender en Salta o conducir al Perú de su cuenta, y los demás, que están repartidos en chozas son unos infelices, porque escasea algo la carne. El país es salitroso. Las mujeres trabajan excelentes alfombras y chuces, pero, como tienen poco expendio, por hacerse en todo el Tucumán, sólo se fabrican por encargo, y la mayor prueba de su pobreza y corto comercio es que las correspondencias de un año en toda la jurisdicción no pasa de treinta pesos. En la casa que fue de los regulares se pueden alojar cómodamente todos los habitantes de la ciudad de Santiago y su ejido, porque tiene tanta multitud de oficinas, patios y traspatios, que forman un laberinto.

Toda la gente del Tucumán asegura que los santiaguinos son los mejores soldados de aquella provincia y el terror de los indios del Chaco. En tiempo de guerra tenían continuamente colgado al arzón de la silla un costalillo de maíz tostado, con sus chifles de agua, que así llaman a los grandes cuernos de buey en que la cargan y que es mueble muy usado en toda esta provincia; y con esta sola prevención eran los primeros que se presentaban en campaña a cualquier rumor de los enemigos. Al presente hay paces con los más inmediatos de estos indios. En el interior hay muchos en número, valor y situación de terreno, y a éstos prometió en la corte sujetar el actual gobernador don Gerónimo Matorras, ofreciendo poblar a su costa cuatro ciudades. Extraordinario servicio si pudiera conducir colonos de la Flandes y cantones católicos.

Antes de salir de esta jurisdicción, voy a proponer un problema a los sabios de Lima. Atravesando cierto español estos montes en tiempo de guerra con los indios del Chaco, se vio precisado una noche a dar descanso a su caballo, que amarró a un tronco con un lazo dilatado para que pudiese pastar cómodamente, y por no perder tiempo, se echó a dormir un rato bajo de un árbol frondoso, poniendo cerca de su cabeza una carabina proveída de dos balas. A pocos instantes sintió que le despertaban levantándole de un brazo y se halló con un indio bárbaro, armado de una lanza y con su carabina en la mano, quien le dijo con serenidad: "Español, haz tun"; esto es, que disparase para oír de cerca el ruido de la carabina. El español, echando un pie atrás, levantó el gatillo y le encajó entre pecho y espalda las dos balas al indio, de que quedó tendido.

Se pregunta a los alumnos de Marte si la acción del español procedió de valor o de cobardía, y a los de Minerva si fue o no lícita la resolución del español.

Capítulo V

Jurisdicción de San Miguel del Tucumán. Arañas que producen seda. - La ciudad. - Descripción de una carreta. - La manera de viajar

A la salida de Vinará, que dista 20 leguas de Santiago, da principio la jurisdicción de San Miguel del Tucumán, con monte más desahogado, árboles elevados y buenos pastos, y ya se empieza a ver el árbol nombrado quebracho, dicho así para significar su dureza, por romper las hachas con que se pule. Por la superficie es blanco, y suave al corte. En el centro es colorado, y sirve para columnas y otros muchos ministerios. Dicen que es incorruptible, pero yo he visto algunas columnas carcomidas. Después de labrado, o quitado todo el blanco, se echa en el agua, en donde se pone tan duro y pesado como la piedra más maciza.

A la entrada de esta jurisdicción observé en el camino real muchos hilos blancos de distinto grueso, entretejidos en los aromos, y otros a distancia de más de ocho varas, que son tan delgados y sutiles que sólo se percibían con el reflejo del sol. Todos muy iguales, lisos y sin goma alguna, y tan resplandecientes como el más sutil hilo de plata. Reparé que unos animalitos en figura y color de un escarabajo chico caminaban sobre ellos con suma velocidad. Me apeé varias veces para observarles su movimiento y reparé que si por contingencia alguno de ellos era más tardo en la carrera, sin estorbarle su curso ni detenerle, daban estos diestros funámbulos una vuelta por debajo, semejante a la que hacen los marineros que quieren adelantarse a otros para las maniobras que se hacen en las vergas de los navíos. Procuré hacer algún ruido para ver si estos animalitos se asustaban y detenían su curso, y sólo conseguí que lo aceleraran más. En los hilos dilatados he visto algunos animalitos muertos en la figura de una araña común, colgados de las patitas y del color de un camarón sancochado. No he podido percibir si de los vivientes salía sustancia alguna para engrosar aquel hilo. Cogí algunos y enrollándolos en un palito reconocí tenían suficiente fortaleza para esta operación.

Don Luis de Aguilar, criollo y vecino de San Miguel, quien nos condujo en sus carretas desde Córdoba a Salta, español de muy buena instrucción y observaciones, me dijo que aquellos animalitos eran las arañas que producían la seda, lo que confirmó, además del dicho de otros, don Juan Silvestre Helguero, residente y dueño de la hacienda de Tapia y maestro de postas, sujeto de extraordinaria fuerza y valor y acostumbrado a penetrar los montes del Tucumán, quien añadió que eran tantos los hilos imperceptibles que se encontraban en aquellos montes que sólo se sentían al tropezar con ellos con el rostro y ojos. Con estas advertencias, no solamente yo, sino los que me acompañaban, pusimos más cuidado y algunas veces, aunque a poca distancia, internábamos al monte, y ya veíamos dilatados hilos, ya árboles enredados de ellos; algunas veces ramas solas bordadas de exquisitas labores de un hilo muy sutil, que serían dignas de presentarse a un príncipe si las hojas no llegaran a secarse y perder la delicada figura. Hemos visto nido grande de pájaro bordado todo de esta delicada tela a modo de una escofieta o escusa peinado de una madrileña. En su concavidad vimos multitud de estos animalitos rodeados a un esqueleto que, según su tamaño, sería como de una paloma común o casera. También parece que trabajan por tandas, porque en un propio tronco, de donde salían a trabajar muchos de estos operarios, quedaban muchos dormidos. De éstos cogí uno con la punta de las tijeras, que se resistió moviendo aceleradamente sus patitas y boca, y cortándole por el medio halle que estaba repleto de una materia bastante sólida, blanca y suave, como la manteca de puerco.

Me pareció que los animalitos que trabajaban en hilo dilatado, procuraban engrosarle, porque hallé algunos más delgados que los de seda en pelo hasta finalizar en una hebra como la de torcida de Calabria. De estos hilos hace la gente del campo unas toquillas a cordones para los sombreros, que sueltos se encogen y se estiran como de uno a tres. Su color natural es como el del capullo de la seda del gusano. En un cerco de potrero he visto muchas ramas cortadas de los aromos guarnecidas todas de telas, ya sin animalito alguno, que acaso desampararon por la falta de la flor o hallarse sin jugo las hojas. No he visto en otro árbol nido de estos animalitos, por lo que me persuado que sólo se mantienen de la flor y jugo de los aromos o de otras flores que buscan en el suelo, de que no he visto hagan provisión, ni tampoco he reconocido esqueletos sino en la figura de las arañas que he dicho haber visto pendientes de los hilos.

Una legua antes de la ciudad de San Miguel se encuentra el río nombrado Sali. Sus aguas son más saladas que las del Tercero. Son cristalinas y a sus orillas se hacen unos pozos y por sus poros se introduce agua potable. También hay otros pocitos naturales en la ribera de muy buena agua, pero tapándose en tiempo de avenidas, son inútiles. Este río se forma de 12 arroyos que tienen su nacimiento en los manantiales de lo interior de la jurisdicción, y de todos, el gran río de Santiago del Estero.

San Miguel del Tucumán

Ciudad capital de esta jurisdicción y partenza hoy de correos, ocupa el mejor sitio de la provincia: alto, despejado y rodeado de fértiles campañas. A cinco cuadras perfectas esta reducida esta ciudad, pero no esta poblada a correspondencia. La parroquia, a matriz, está adornada como casa rural y los conventos de San Francisco y Santo Domingo mucho menos. Los principales vecinos, alcaldes y regidores, que por todos no pasarán de 24, son hombres circunspectos y tenaces en defender sus privilegios. Hay algunos caudalitos, que con su frugalidad mantienen, y algunos aumentan con los tratos y crías de mulas; pero su principal cría es la de bueyes, que amansan para el trajín de las carretas que pasan a Buenos Aires y a Jujuy. La abundancia de buenas maderas les facilita la construcción de buenas carretas. Con licencia de los señores mendocinos voy a hacer la descripción de las del Tucumán.

Descripción de una carreta

Las dos ruedas son de dos y media varas de alto, puntos más o menos, cuyo centro es de una maza gruesa de dos a tres cuartas. En el centro de ésta atraviesa un eje de 15 cuartas sobre el cual está el lecho a cajón de la carreta. Este se compone de una viga que se llama pértigo, de siete y media varas de largo, a que acompañan otras dos de cuatro y media, y éstas, unidas con el pértigo, por cuatro varas o varejones que llaman teleras, forman el cajón, cuyo ancho es de vara y media. Sobre este plan lleva de cada costado seis estacas clavadas, y en cada dos va un arco que, siendo de madera a especie de mimbre, hacen un techo ovalado. Los costados se cubren de junco tejido, que es más fuerte que la totora que gastan los mendocinos, y por encima, para preservar las aguas y soles, se cubren con cueros de tara [71] cosidos, y para que esta carreta camine y sirva se le pone al extrema de aquella viga de siete y media varas un yugo de dos y media, en que se unen los bueyes, que regularmente llaman pertigueros.

---

71 *Cuero de tara*: cuero curtido con el fruto seco de la tara peruana (*caesalpinia spinosa*) pulverizada, con la cual se obtiene un cuero blanco y resistente a la luz

En viajes dilatados, con carga regular de 150 arrobas, siempre la tiran cuatro bueyes, que llaman a los dos de adelante cuarteros. Estas tienen su tira desde el pértigo, por un lazo que llaman tirador, el cual es del grosor correspondiente al ministerio, doblado en cuatro y de cuero fuerte de toro o novilla de edad. Van igualmente estos bueyes unidos en un yugo igual al de los pertigueros, que va asido por el dicho lazo. Estas cuarteros van distantes de los pertigueros tres varas, poco más o menos, a correspondencia de la picana, que llaman de cuarta, que regularmente es de caña brava de extraordinario grosor o de madera que hay al propósito. Se compone de varias piezas y la ingieren los peones, y adornan con plumas de varios colores.

Esta picana pende como en balanza en una vara que sobresale del techo de la carreta, del largo de vara y media a dos, de modo que, puesta en equilibrio, puedan picar los bueyes cuarteros con una mano, y con la otra, que llaman picanilla, a los pertigueros, porque es preciso picar a todos cuatro bueyes casi a un tiempo. Para cada carreta es indispensable un peón, que va sentado bajo el techo delantero, sobre un petacón en que lleva sus trastes, y sólo se apea cuando se descompone alguna de las coyundas o para cuartear pasajes de ríos y otros malos pasos.

Además de las 150 arrobas llevan una botija grande de agua, leña y maderos para la compostura de la carreta, que con el peso del peón y sus trastes llega a 200 arrobas. En las carretas no hay hierro alguno ni clavo, porque todo es de madera. Casi todos los días dan sebo al eje y bocinas de las ruedas, para que no se gasten las mazas, porque en estas carretas va firme el eje en el lecho, y la rueda sólo es la que da vuelta. Los carretones no tienen más diferencia que ser las cajas todas de madera, a modo de un camarote de navío. Desde el suelo al plan de la carreta, o carretón, hay vara y media y se sube por una escalerilla, y desde el plan al techo hay nueve cuartas. El lecho de la carreta se hace con carrizo o de cuero, que estando bien estirado es más suave.

Las carretas de Mendoza son más anchas que las del Tucumán y cargan 28 arrobas más, porque no tienen los impedimentos que estas, que caminan desde Córdoba a Jujuy entre dos montes espesos que estrechan el camino, y aquéllas hacen sus viajes por pampas, en que tampoco experimentan perjuicio en las cajas de las carretas. Los tucumanos, aunque pasan multitud de ríos, jamás descargan, porque rara vez pierden el pie los bueyes, y si sucede es en un corto trecho, de que salen ayudados por las cuartas que ponen en los fondos, a donde pueden afirmar sus fuertes pezuñas. Los mendocinos sólo descargan en tiempo de avenidas en un profundo barranco que llaman el desaguadero, y para pasar la carga forman con mucha brevedad unas balsitas de los yugos, que sujetan bien con las coyundas y cabestros. También se hacen de cueros, como las que usan los habitantes de las orillas del río Tercero y otros.

Esta especie de bagajes está conocida en todo el mundo por la más útil. En el actual reinado se aumentó mucho en España con la composición de los grandes caminos. Desde Buenos Aires a Jujuy hay 407 leguas itinerarias, y sale cada arroba de conducción a ocho reales, que parecerá increíble a los que carecen de experiencia. Desde la entrada de Córdoba a Jujuy fuera muy dificultoso y sumamente costosa la conducción de cargas en mulas, porque la mayor parte del camino se compone de espesos montes en que se perderían muchas, y los retobos, aunque fuesen de cuero, se rasgarían enredándose en las espinosas ramas, con perjuicio de las mercaderías y mulas que continuamente se imposibilitaran, deslomaran y perdieran sus cascos, a que se agrega la multitud de ríos caudalosos que no pudieran atravesar cargadas, por su natural timidez e inclinación a caminar siempre aguas abajo. A los bueyes sólo les fatiga el calor del sol, por lo que regularmente paran a las diez del día, y cada picador, después de hecho el rodeo, que es a proporción del número de carretas, desunen sus cuatro bueyes con gran presteza y el bueyero los junta con las remudas para que coman, beban y descansen a lo menos hasta las cuatro de la tarde. En estas seis horas, poco más o menos, se hace de comer para la gente, contentándose los peones con asar mal cada uno un buen trozo de carne. Matan su res si hay necesidad y también dan sebo a las mazas de las ruedas, que todo ejecutan con mucha velocidad. Los pasajeros se ponen a la sombra de los elevados árboles unos y otros a la que hacen las carretas, que por su elevación es dilatada; pero la más segura permanente, y con ventilación, será pareando dos carretas de modo que quepa otra en el medio. Se atraviesan sobre las altas toldas dos o tres picanas y sobre ellas se extiende la carpa o toldo para atajar los rayos del sol y se forma un techo campestre capaz de dar sombra cómodamente a ocho personas. Algunos llevan sus taburetitos de una doble tijera, con sus asientos de baqueta o lona. Este género lo tengo por mejor, porque, aunque se moje, se seca fácilmente, y no queda tan tieso y expuesto a rasgarse como la baqueta, porque estos muebles los acomodan siempre los peones en la toldilla, a un lado de la caja, de la banda de afuera, por lo que se mojan y muchas veces se rompen con las ramas que salen al camino real, de los árboles de corta altura, por lo que el curioso podrá tomar el partido de acomodarlos dentro de su carreta o carretón, como asimismo la mesita de campaña, que es muy cómoda para comer, leer y escribir.

A las cuatro de la tarde se da principio a caminar y se para segunda vez el tiempo suficiente para hacer la cena, porque en caso de estar la noche clara y el camino sin estorbos, vuelven a unir a las once de la noche y se camina hasta el amanecer, y mientras se remudan los bueyes hay lugar para desayunarse con chocolate, mate o alguna fritanguilla ligera para los aficionados a aforrarse más sólidamente, porque a la hora se vuelve a caminar hasta las diez del día. Los poltrones se mantienen en el carretón o carreta con las ventanas y puerta abiertas, leyendo u observando la calidad del camino y demás que se presenta a la vista. Los alentados y más curiosos montan a caballo y se adelantan a atrasan a su arbitrio, reconociendo los ranchos y sus campestres habitadores, que regularmente son mujeres, porque los hombres salen a campear antes de amanecer y no vuelven hasta que el sol los apura, y muchas veces el hambre, que sacian con cuatro libras netas de carne gorda y descansada, que así llaman ellos a la que acaban de traer del monte y matan sobre la marcha, porque en algunas poblaciones grandes, como es Buenos Aires, sucedía antes y sucedió siempre en las grandes matanzas, arrean una punta considerable, desgarretándola por la tarde, y tendidas en la campaña o playa aquellas míseras víctimas braman hasta el día siguiente, que las degüellan y dividen ensangrentadas; y a ésta llaman carne cansada, y ya envenenada.

La regular jornada de las tropas del Tucumán, que así llaman, como en otras partes, una colección de carretas que van juntas, es de siete leguas, aunque por el tránsito de los muchos ríos he regulado yo que no pasan de cinco, un día con otro. Los mendocinos hacen mayores jornadas porque su territorio es escampado con pocos ríos y muchas travesías, que llaman así a los dilatados campos sin agua. Para éstas, y en particular para la de Corocoro, tienen varias paradas de bueyes diestros, que llaman rocines. El resto del ganado marcha a la ligera y los rocines sacan las carretas cargadas sin beber muchas veces en 48 horas, con la prevención de que si el desaguadero lleva poca agua, tampoco la beben, porque conocen que está amarga e infeccionada, y, al contrario, el ganado bisoño, que aunque le arreen con precipitación siempre bebe, de lo que se experimentan algunas enfermedades y, a veces, mortandades considerables. En estas travesías sólo se para por la siesta, si apura mucho el sol, por lo que es preciso que los criados se prevengan de fiambres para la noche, aunque lo más seguro es adelantarse por la tarde llevando algunos palos de leña y lo necesario para hacer la cena, con atención que estos diestros bueyes caminan mucho y con brevedad por la tarde, noche y mañana, procurando también informarse del sitio a donde van a remudar para que haya tiempo suficiente para acomodar los trastos de cocina y demás sin atraso del carretero, no fiándose mucho de los criados que como por lo regular son negros bozales [72], pierden muchos muebles que hacen notable falta.

Algunos caminantes llevan caballos propios, que compran por lo general a dos pesos cada uno. Este es un error grande, porque por la noche se huyen a sus querencias o los estropean los rondadores. Lo más seguro es ajustarse con el dueño o mayordomo de la tropa, a quien rara vez se le pierde caballo y muchas veces se le aumentan con los que están esparcidos por el campo y agregan los muleros por género de represalia.

Así como algunos admirarán la resistencia de los bueyes rocines de Men-

72 *Negro bozal*: negro recién llegado de su país, metáf. inexperto

doza, se asombrarán del valor de los del Tucumán viéndolos atravesar caudalosos ríos presentando siempre el pecho a las más rápidas corrientes,
arrastrando unas carretas tan cargadas como llevo dicho y que con el impulso de las olas hacen una resistencia extraordinaria. A la entrada manifiestan
alguna timidez, pero no retroceden ni se asustan de que las aguas les cubran
todo el cuerpo, hasta los ojos, con tal que preserven las orejas. Si no pueden
arrastrar la carreta, la mantienen de pecho firme hasta que pasan a su socorro las cuartas, a las que ayudan con brío, y al segundo, tercero y cuarto tránsito se empeñan con más denuedo y seguridad, alentándolos los peones, que
invocan por sus nombres. Si se enredan con las cuartas lo manifiestan con
pies y manos para que el peón les quite el impedimento, y, en fin, ha sido para mí este espectáculo uno de los más gustosos que he tenido en mi vida. Al
principio creí que aquellos pacíficos animales se ahogaban indefectiblemen-
te, viéndolos casi una hora debajo del agua y divisando sólo las puntas de sus
orejas, pero las repetidas experiencias me hicieron ver la constancia de tan
útiles animales y el aprecio que se debe hacer de su importante servicio.

Cuando va un pasajero dentro de carretón o carreta, se rebaja un tercio
de la carga por su persona, cama, baúl de ropa y otros chismes. En las carretas que llevan carga sola no se hace puerta por la trasera, pero va abierta por
delante para el manejo y reconocimiento de las goteras y otros ministerios.

Es muy conveniente, y casi preciso, que los señores caminantes se infor-
men de las circunstancias de los carreteros, porque éstos se dividen regularmente en tres clases. La primera comprende a los hombres más distinguidos
de Mendoza, San Juan de la Frontera, Santiago del Estero y San Miguel del
Tucumán. Los primeros establecieron este género de trajín para dar expendio en Buenos Aires y Córdoba a los frutos sobrantes de sus haciendas, como vinos, aguardientes, harinas, orejones [73] y otras frutas, fletando el resto
de sus buques a pasajeros y particulares, a un precio muy cómodo. Casi
siempre se reduce el importe de estos frutos a efectos de la Europa para el
gasto de sus casas y particulares comercios; pero como el valor de lo que conducen en veinte carretas se regresa en una o dos, fletan las demás al primer
cargador que se presenta, por el precio contingente de la más o menos carga
y número de carretas. Los segundos son aquellos que tienen menos posibles,
y regularmente andan escasas las providencias, con atraso de los viajes; y los
terceros son gente de arbitrio. Piden siempre los fletes adelantados y muchas
veces al tiempo de la salida se aparece un acreedor que lo detiene, y se ven
obligados los cargadores, no solamente a pagar por ellos, sino a suplir las necesidades del camino y otros contratiempos, por lo que es más conveniente
y seguro pagar diez pesos más en cada carreta a los primeros.

Los tucumanos son todos fletadores, pero también hay entre ellos las referidas tres clases. Los de Santa Fe y Corrientes conducen a Buenos Aires toda la yerba del Paraguay del gasto de la ciudad y sus inmediaciones, hasta el

73 *Orejones*: trozos de melocotón en forma de lonja y sin cáscara, curados al aire y al sol

reino de Chile, desde donde se provee todo el distrito y jurisdicción de la Audiencia de Lima. Estos carreteros, desde Buenos Aires fletan para todas partes, porque no tienen regreso a los lugares de su domicilio, y, por lo general, son unos pobres que no tienen más caudal que su arbitrio, que se reduce a trampas, exponiendo a los cargadores a un notable atraso. Con estas prevenciones y otras que dicta la prudencia, se pueden hacer ambos viajes con mucha comodidad, teniendo cuidado siempre se tolden bien las carretas y carretones para preservarse de las goteras, mandando abrir dos ventanillas, una en frente de otra, a los costados para la ventilación, y que caigan a la mitad del lecho, por donde entra un aura tan agradable que da motivo a despreciar la que se percibe debajo de los árboles y refresca el agua notablemente. Cuidado con las velas que se encienden de noche, porque con dificultad se apaga la llama que se prende al seco junco de que están entretejidas las carretas. De este inminente riesgo están libres los carretones, y también tienen la ventaja de que no crían tantos avichuchos, principalmente en la provincia del Tucumán, que es cálida y algo húmeda. Las linternas son precisas para entrar y salir de noche, así en las carretas como en los carretones, y también para manejarse fuera en las noches obscuras y ventosas, y para los tiempos de lluvia convendrán llevar una carpita en forma de tijera para que los criados puedan guisar cómodamente y no se les apague el fuego, no descuidándose con las velas, pajuela, eslabón y yesca, que los criados desperdician gratuitamente, como todo lo demás que está a su cargo, y hace una falta irreparable. Vamos a salir de la jurisdicción de San Miguel.

El oficio de correos de esta ciudad lo tiene en arrendamiento don José Fermín Ruiz Poyo, y se hizo cargo de la maestría de postas don Francisco Norry, vecino de ella. Antes de llegar a la hacienda nombrada Tapia está la agradable cañada de los Nogales, dicha así por algunos silvestres que hay en el bosque. En lo interior hay excelentes maderas, como el quebracho y lapacho, de que comúnmente hacen las carretas, por ser nerviosa y fuerte. También hay otro palo llamado lanza, admirable para ejes de carretas y lanzas de coches por ser muy fuerte, nervioso y tan flexible que jamás llega a dividirse, aunque le carguen extraordinario peso. Hay tanta variedad de frutas silvestres, que fuera prolijidad nombrarlas, y desde los Nogales hasta el río de Tapia, que es caudaloso y con algunas piedras, y de allí a la orilla del río nombrado Vipos, es el camino algo estrecho y molestoso para carretas de tanto peso, y sólo a fuerza de cuartas se camina. Estas se reducen a echar dos a cuatro bueyes más, que sacan de las otras carretas, y así se van remudando, y a la bajada, si es perpendicular, ponen las cuartas en la trasera de la carreta para sostenerla y evitar un vuelco o que atropelle y lastime a los bueyes pertigueros.

El río de Vipos también es pedregoso y de mucho caudal, y a una legua de distancia está el de Chucha, también pedregoso y de aguas cristalinas, y se previene a los señores caminantes manden recoger agua de un arroyo cristalino que está antes del río de Zárate, que por lo regular son sus aguas muy turbias y sus avenidas forman unos sequiones [74] en el camino real, en el espacio de medio cuarto de legua, muy molestos a los que caminan a caballo.

A las catorce leguas del río de Tapia está la villa de San Joaquín de las Trancas, que apenas tiene veinte casas unidas, con su riachuelo, en que hay bastante pescado. En el pozo de este nombre, que dista tres cuartos de legua, está la casa de postas al cargo de don José Joaquín de Reyna, dueño del referido sitio, que es muy agradable porque tiene varios arroyos de agua cristalina, y entre ellos un gran manantial, que desagua en la campaña y forma el arroyo o riachuelo de las Trancas.

Al sitio en que está situada esta posta se nombra generalmente el Pozo del Pescado, porque antiguamente hubo mucho en él, pero al presente se halla uno u otro por casualidad. Es voz común que se desapareció en una grande inundación y que fue a hacer mansión al arroyo de las Trancas, en donde actualmente hay muchos. Lo cierto es que de las aguas de este pozo y de los demás se forma el arroyo que pasa por aquella villa. Aquí da fin la jurisdicción de San Miguel del Tucumán, que es la menor en extensión de la gran provincia de este nombre, pero en mi concepto es el mejor territorio de toda ella, por la multitud de aguas útiles que tiene para los riegos, extensión de ensenadas, para pastos y sembrados, y su temperamento más templado.

---

74 *Sequiones*: zanjas por donde corre agua en épocas de crecidas

Capítulo VI

Jurisdicción de Salta. - El territorio y la ciudad. - El comercio de mulas, - Las ferias. - Ruta de Salta al Perú. - Otra ruta de Santa Fe y Corrientes

Del Pozo del Pescado al Rosario	13
A la estancia de Concha	10
Al río del Pasaje	15
Al fuerte de Cobos	16
A Salta	9
A las Tres Cruces	9
Son leguas	72

Inmediato al Pozo del Pescado da principio ésta, y al medio cuarto de legua está el paso del río nombrado Tala, de bastante caudal, sobre piedra menuda, pantanoso en sus orillas, por lo que es preciso repasarle dos o tres veces con los bueyes y caballerías para que se fije el terreno y no se atollen las ruedas de las carretas. Pasado el río se camina un dilatado trecho entre dos montes tan espesos que sólo ofrecen el preciso paso a una carreta, hasta llegar a un espacioso llano como de cinco leguas.

Antes de llegar a la hacienda nombrada el Rosario, propia de don Francisco Arias, se encuentran dos sitios nombrados el Arenal y los Sauces, en donde hay casas y alguna provisión de bastimentos, como corderos, gallinas y pollos, que ya empiezan a tener doblado precio del de las tres jurisdicciones que dejamos atrás.

En el Rosario, que dista trece leguas del Pozo, del Pescado, se situó la primera posta de esta jurisdicción, y dará caballos el mayordomo de la hacienda. Hay pulpería, y deteniéndose algún tiempo se amasará pan, porque no lo hay de continuo. A una legua de distancia está el caudaloso río con el nombre del Rosario, de que comúnmente usan los naturales, aplicándole el de la hacienda más inmediata. Este mismo río tiene distintos nombres, y según los sitios por donde pasa, como otros muchos del Tucumán y aunque es muy caudaloso es fácil de vadear por explayarse mucho. Forma en el medio unas isletas, muy agradables por estar guarnecidas, como sus bordes, de elevados sauces. Así esta hacienda, como las demás que siguen hasta Jujuy, tiene sus potreros con varios arroyos de agua cristalina. Hay muchos que tienen una circunferencia de más de seis a ocho leguas, cercados de montes algo elevados, de grandes sequiones de agua, y en muchas partes de estacones y fajina que se corta de la multitud de árboles, suficiente a encerrar las mulas tiernas, por ser muy tímidas.

Sigue el río nombrado de la Palata, después de haber pasado la estancia de don Miguel Gayoso, que tomó el nombre del río, que regularmente corre en dos brazos fáciles de vadear. Antes y después de este territorio hay varias ensenadas, al Este y Oeste, de Simbolar [75] e ichales [76]. Simbolar es una especie de pasto conque engorda mucho el ganado, muy semejante, en la caña y hojas, a la de la cebada, aunque no tan gruesa. Hay cañas que llegan a tres varas de alto y por espiga tienen unos racimos de espinitas que llaman cadillos. Otras no crecen tanto ni engrosan, y sus espigas son parecidas al heno de Galicia y Asturias. Con esta paja, que es muy flexible y bastante fuerte, se entretejen las carretas en toda la provincia del Tucumán.

A las cinco leguas de la Palata está el río nombrado las Cañas, de poco caudal, y la gran hacienda nombrada Ayatasto, con un caudaloso río de este nombre y medio cuarto de legua de las casas de don Francisco Toledo. Tiene de largo al camino real cuatro leguas, con llanos de bastante extensión, muy agradables por la abundancia de pastos y bosques de que están guarnecidos. Se mantienen en dicha hacienda 4000 cabezas de ganado vacuno, 500 yeguas y 100 caballos, independientes de las crías y ganado menor, todo del referido Toledo, aunque cuando pasé por ella estaba muy deteriorada por haberla abandonado con un pleito que tuvo con el gobernador, y en la ausencia que hizo a Buenos Aires por algún tiempo le robaron la mitad del ganado, y, en particular, todas las crías que estaban sin su hierro, porque así en esta provincia como en la de Buenos Aires se elige un tiempo determinado para que concurran los criadores a recoger sus ganados y herrarlos, y así el que es omiso o tiene poca gente, recoge menos crías con doblado número de vacas y yeguas, sucediendo lo contrario al diligente que se presenta primero en campaña, para aumentar una especie de saco permitido tácitamente entre los criadores.

Al fin de la hacienda de Toledo, y en su pertenencia, al tránsito del río nombrado Mita, de bastante caudal y suelo pedregoso, está avecindado don Francisco Antonio Tejeyra y Maciel, lusitano, casado con doña María Dionisia Cabral y Ayala, española, natural de Salta. El referido hidalgo y los ascendientes de su mujer son de los primeros pobladores de esta frontera. Tie-

---

75 *Simbolar*: tierra donde se cria el *Simbol*, gramínea de tallos largos y flexibles, muy usada en cestería.

76 *Ichal*: *Festuca rigidifolia*, del quichua *Ichu*, planta gramínea espontánea en los páramos de los Andes

nen nueve hijos, casi desnudos, muy rubios y gordos, porque el buen hidalgo siempre mantiene la olla al fuego, con buena vaca, carnero, tocino y coles, que coge de un huertecillo inmediato. Provee a los pasajeros de buenos quesos, alguna carne, cebollas y otras cosas que tiene en dicho huertecillo muy bien cultivado y nos aseguraron que en su arca se hallarían más prontamente 200 pesos que 50 en la de Toledo.

Ocho leguas de distancia, caminando al Este, está el pueblo nombrado Miraflores, que ocupan algunas familias de indios Lules, descendientes de los primeros que voluntariamente abrazaron la religión católica, manteniéndose siempre fieles vasallos de los Solipsos, aun en tiempo de las guerras de los indios del Chaco. Tuvo 600 familias y multitud de ganados y varios comestibles. El temperamento de aquel sitio dicen que es admirable. Allí hace sus compras de comestibles el portugués y trae sazonados tomates, de que me dio algunos, encargándome mucho hiciese memoria de él y de su familia en mi diario, como lo ejecuto puntualmente, por no faltar a la palabra de honor. Dicen que el referido pueblo está hoy casi arruinado.

Del Rosario a la hacienda nombrada Concha, por haber tenido este apellido el primer poseedor y fundador de ella, hay 10 leguas. Antes de llegar a las casas se pasa un río de bastante caudal, que conserva el nombre de Concha; pero la hacienda es actualmente de don Juan Maurín, de nación gallego. La mayor parte de su territorio, y en particular los contornos de las casas, es de regadío perenne, capaz de producir cuanto se sembrase; pero sólo cultivan escasamente lo necesario para la mantención de su familia, reservándose todo lo demás de la buena hacienda para crías de caballos e invernadas de algunas mulas. Aquí se pueden proveer los pasajeros de lo necesario hasta Salta, porque aunque hay algunas hacenduelas en sus intermedios, no se encuentra en ellas más, que algunos trozos de vaca.

También se informarán del estado en que se halla el vado del caudaloso río nombrado Pasaje, para esperar en las casas de Maurín hasta el tiempo de su tránsito, por no exponerse a las incomodidades que se experimentan en el rodeo, que está media legua antes del Pasaje, cuyas aguas corren siempre muy turbias, sobre arena. A la banda del Este del rodeo, a la derecha, como se entra en él, se buscará una vereda por el monte adentro, y a pocos pasos se verá un corral cercado de troncos y más adelante, como a un tiro de fusil, hay un hermoso ojo de agua dulce y cristalina y una figura de peines que se forman de las aguas que descienden de un altillo, y de esta agua se pueden proveer para algunos días, reservándola sólo para sí en paraje que no la desperdicien los peones, que se acomodan bien con la del río y que sirve a todos para cocidos y guisados, porque no tiene más fastidio que el de su color turbio y algo cenagoso. Es digno de reparo el que a una banda y otra de este río no se vean mosquitos ni se sientan sus incomodidades en tiempos de lluvias y avenidas, y que sólo se aparezcan en los de seca.

Don Juan Maurín se obligó a poner un tambo a la entrada del río para proveer de víveres a correos del rey y pasajeros y tener caballos de refresco para vadearle con toda seguridad, y por esta pensión y beneficio le asigné dos pesos más de gratificación por cada tres caballos, o cuatro para el Rey y al doble para los particulares; y lo mismo, bajo de las propias condiciones y circunstancias, se concedió a don José Fernández, que había de recibir las postas en la otra banda y volverlas a la vuelta, pasando el río, hasta el tambo de Maurín, y en caso de no cumplir ambas condiciones servirá cada uno su posta por el precio común reglado.

Antes de llegar al fuerte de Cobos se encuentran varios arroyos que descienden de una media ladera pedregosa, de aguas casi ensangrentadas, que causa pavor a la vista. Me detuve un rato a contemplarlas hasta que llegaron las carretas, y reparando que todos los peones descendían a beberlas, supe que eran las mejores de toda la provincia del Tucumán, para enfermos y sanos. Con todo eso me resolví solamente a gustarlas y no encontré en ellas particularidad, hasta que el dueño de las carretas me aseguró que en Cobos las beberíamos muy cristalinas, porque aquel color fastidioso lo tomaban de la tierra colorada por donde pasaban, de que me aseguré viéndolas en su origen, y con la declaración del dueño del fuerte y toda su familia bebimos todos en abundancia y nadie sintió novedad alguna, pero si advertí que toda la familia, a excepción de la mujer dueña del sitio, estaban enfermos.

El fuerte de Cobos se erigió hace 80 años para antemural de los indios del Chaco. Está al pie de una ladera, nueve leguas distante de Salta. Hoy es casa de la hacienda de doña Rosalía Martínez, que posee varias tierras y un potrero en su circunferencia. Esta señora salteña es casada con don Francisco Xavier de Olivares, nacido en la ciudad de Santiago de Chile. La casa está tan arruinada que me costó algún cuidado subir la escalera que conduce a los altos, en donde tienen su habitación, de donde no podía salir el marido por estar medio baldado, a pesar de las prodigiosas aguas que bebía. La madama no manifestaba robustez en su semblante y delicado cuerpo, que es de regular estatura, pero me causó admiración ver su cabello tan dilatado, que llegaba a dos varas y una ochava, y me aseguró que una prima suya, que residía en Salta, le tenía de igual tamaño. No tenía esta señora otra gala de que hacer ostentación, y aún esta no pasaba de los límites de lo largo de sus hebras.

En los montes y potreros de esta circunferencia hay también arañas negras y gusanos de seda, con otras producciones. Esta noticia va sobre la buena fe del señor don Francisco de Olivares, que me pareció hombre instruido en extravagancias, sobre otros puntos. El camino desde Cobos a Salta es algo fragoso para carretas y muy molesto en tiempo de aguas, y así, sólo por precisión se hace, como nos sucedió a nosotros, y allí cumplió el carretero como si hubiera pasado hasta Jujuy por el camino regular. El pasajero que no tuviere necesidad de entrar en esta ciudad tomará postas en Cobos, hasta Jujuy, en cuyo intermedio no se han situado, por no ser camino de correos, por la precisión de entrar en

Salta

Con el título de San Felipe el Real. Es ciudad célebre, por las numerosas asambleas que en ella se hacen todos los años, en los meses de Febrero y Marzo, de que daré razón brevemente. Está situada al margen del valle de Lerma, en sitio cenagoso y rodeada toda de un foso cubierto de agua. Su entrada se hace por una calzada tan infeliz que no llega a cubrir el barranco, que aunque no tiene mucha extensión ni profundidad, la impide a todo género de bagajes en tiempo de lluvias, en el cual no se puede atravesar la ciudad a caballo porque se atascan en el espeso barro que hay en las calles, y así los pasajeros, en el referido tiempo de lluvias, tienen por más conveniente, y aún preciso, atravesar la ciudad a pie, arrimados a las casas, que por lo regular tienen unos pretiles no tan anchos y tan bien fabricados como los de Buenos Aires, pero hay el impedimento y riesgo de pasar de una a otra cuadra. El valle, si no me engaño, tiene cinco leguas de largo y media de ancho. Todo es de pastos útiles y de siembra de trigo, y se riega todo con el surco de un arado. Sus colonos son robustos y de infatigable trabajo a caballo, en que son diestrísimos, como todos los demás de la provincia.

La gente plebeya de la ciudad, o, hablando con más propiedad, pobre, experimenta la enfermedad que llaman de San Lázaro, que en la realidad no es más que una especie de sarna. Los principales son robustos, y comúnmente los dueños de los potreros circunvecinos, en donde se hacen las últimas invernadas de las mulas. El resto es de mercaderes, cuya mayor parte, o la principal, se compone de gallegos. Las mujeres de unos y otros, y sus hijas, son las más bizarras de todo el Tucumán, y creo que exceden en la hermosura de su tez a todas las de la América, y en particular en la abundancia, hermosura y dilatación de sus cabellos. Muy rara hay que no llegue a cubrir las caderas con este apreciable adorno, y por esta razón lo dejan comúnmente suelto o trenzado a lo largo con gallardía; pero en compensativo de esta gala es muy rara la que no padezca, de 25 años para arriba, intumescencia en la garganta, que en todo el mundo español se llama coto [77]. En los principios agracia la garganta, pero aumentándose este humor hace unas figuras extravagantes, que causan admiración y risa, por lo que las señoras procuran ocultar esta imperfección con unos pañuelos de gasa fina, que cubren todo el cuello y les sirven de gala, como a los judíos el San Benito, porque todos gradúan a estas madamas por cotudas, pero ellas se contentan con no ponerlo de manifiesto ni que se sepa su figura y grados de aumento, porque la encubren entre los pechos con toda honestidad.

[77] *Coto*: bocio, tumoración de la glándula tiroides, endémica en algunas regiones montañosas, por carencia de iodo en la dieta de sus pobladores

Todas y todos aseguran que esta inflamación no les sirve de incomodidad ni que por ella hayan experimentado detrimento alguno, ni que su vida sea más breve que la de las que no han recibido de la naturaleza esta injuria, que sólo se puede reputar por tal en los años de su esplendor y lucimiento. Toda la ciudad está fundada, como México, sobre agua. A una vara de excavación se halla clara y potable. Hay algunas casas de altos, pero reparé que los dueños ocupan los bajos y alquilan los altos a los forasteros, que son muchos por el trato de las mulas y se acomodarían mejor en los bajos, por excusarse de la molestia de subidas y bajadas, pero sus dueños no hacen juicio de la humedad, como los holandeses. No hay más que una parroquia en toda ella y su ejido, con dos curas y dos ayudantes. Tiene dos conventos, de San Francisco y de la Merced, y un colegio, en que los regulares de la compañía tenían sus asambleas en tiempo de feria.

No se pudo averiguar el número de vecinos de la ciudad y su ejido, pero el cura rector, que así llaman al más antiguo, me asegura, y puso de su letra, que el año de 1771 se habían bautizado 278 párvulos. Los 97 españoles y los 181 indios, mulatos y negros, que en el mismo año habían fallecido, de todas estas cuatro castas, 186, por lo que resulta que en dicha ciudad y su ejido se aumentaron los vivientes hasta el número de 92. Por este cálculo no se puede inferir la sanidad y buen temperamento de la ciudad. Yo la gradúo por enfermiza, y no tengo otra razón más que la de no haber visto ancianos de ambos sexos a correspondencia de su población. En ella regularmente reside el gobernador con título de capitán general, desde donde da sus providencias y está a la vista de los movimientos de los indios bárbaros, que ocupan las tierras que se dicen el Chaco, de que se le da noticias por los capitanes que están de guarnición de aquellas fronteras. Administra los correos, con aprobación general, don Cayetano Viniegra, de nación gallego y casado con una señorita distinguida en nacimiento y prendas personales.

El principal comercio de esta ciudad y su jurisdicción consiste en las utilidades que reportan en la invernada de las mulas, por lo que toca a los dueños de los potreros, y respecto de los comerciantes, en las compras particulares que cada uno hace y habilitación de su salida para el Perú en la gran feria que se abre por el mes de Febrero y dura hasta todo Marzo, y esta es la asamblea mayor de mulas que hay en todo el mundo, porque en el valle de Lerma, pegado a la ciudad se juntan en número de sesenta mil y más de cuatro mil caballos para los usos que diré después. Si la feria se pudiera efectuar en tiempo de secas sería una diversión muy agradable a los que tienen el espíritu marcial; pero como se hace precisamente dicha feria en el rigor de las aguas, en un territorio estrecho y húmedo, causa molestia hasta a los mismos interesados en ventas y compras, porque la estación y el continuo trajín de sesenta y cuatro mil bestias en una corta distancia, y su terreno por naturaleza húmedo, le hace incómodo y fastidioso. Los que tienen necesidad de mantenerse en la campaña, que regularmente son los compradores, apenas tienen terreno en que fijar sus tiendas y pabellones.

Para encerrar las mulas de noche y sujetarlas parte del día, se hacen unos dilatados corrales que forman de troncos y ramazón de los bosques vecinos, que lo una noche y parte del día son comunes; pero en sólo una noche y parte del día hacen estos animales unas excavaciones que dejan dichos corrales imposibilitados para que les sirvan, sin perjuicio grave del dueño, y así los mudan cada dos o tres días para que sus mulas no se imposibiliten para hacer la dilatada jornada, hasta el centro del Perú. Casi todos los muleros, en cuya expresión se entienden los arreadores y dueños de las tropas, estaban en el error de que las mulas padecían y experimentaban la epidemia del mal de vaso, de que se imposibilitaban y moría un considerable número. Otros que no tenían práctica entendían que era mal del bazo. Unos y otros se engañaban, porque según las experiencias, se ha reconocido que las mulas que habían invernado en potreros cenagosos, se les ablandaban mucho los cascos, porque inclinándose estos animales mucho a comer en los parajes húmedos, buscando los pastos verdes, se habituaban a residir en ellos.

Al contrario sucedía en los potreros secos y pedregosos, por donde pasaban las aguas que beben y buscan los pastos en los altos cerros y campañas secas, que son los potreros más a propósito para las invernadas, para que las mulas se hagan a un ejercicio algo penoso y que se les endurezcan los cascos y estén robustas y capaces de hacer viaje hasta lo más interior del Perú. El motivo de que algunos muleros pensasen de que el mal del vaso era contagioso, provino de que experimentaban que en las primeras jornadas se les imposibilitaban veinte o treinta mulas, y que, consiguiente, iban experimentando igual pérdida, sin prevenir que por naturaleza, o por más o menos humedad del potrero, tenían más o menos resistencia, y así lo atribuían a mal contagioso, no reparando que otras mulas de la misma tropa no participaban del propio perjuicio, pisando sus propias huellas, caminando juntas, comiendo los mismos pastos y bebiendo de las propias aguas.

Sabido ya el principal motivo porque se pierden muchas mulas en el violento arreo de la salida de Salta hasta entrar en los estrechos cerros del Perú por el despeo de las mulas, es conveniente advertir a los tratantes en ellas que no solamente se despean las que invernaron en potrero húmedo, sino todas las criollas de la jurisdicción, las que comúnmente también se cansan por no estar ejercitadas en el trabajo, por lo que a las criollas de Buenos Aires y chilenas que han pasado a Córdoba, y de estos potreros a los de Salta, llaman ganado aperreado, que es lo mismo que ejercitado en trabajo violento, y es el que aguanta más las últimas jornadas. También se cuidará mucho de que el capataz y ayudante sean muy prácticos en el conocimiento de los pastos, que no tengan garbancillo [78] ni otra yerba mala. En los contornos de Mojo suele criarse mucho que apetecen y comen con ansia las mulas, pero breve-

---

78 *Garbancillo*: o "hierba loca" nombre de varias especies del género Astragalus, todas con principios activos que producen intoxicaciones al ganado

mente se hinchan y se van cayendo muertas, gordas, sin que se haya encontrado remedio para este mal.

Esta yerba nombrada el garbancillo, y otras peores, no solamente es patrimonio de algunos particulares territorios, sino que se aparece de repente en otros, y siempre en sitios abrigados, de corta extensión. Algunos ignorantes piensan también que estas mortandades nacen y se aumentan de la unión estrecha que llevan entre sí las mulas, y que se contagian unas a otras, porque ven que un día mueren por ejemplo veinte, al otro diez, y al siguiente y demás hasta el número de aquellas que comieron en cantidad el garbancillo, sin reflexionar en la más o menos robustez o más o menos porción. Lo cierto es que causa lástima ver en aquellas campañas y barrancos porciones de mulas muertas, habiendo observado yo que la mayor parte arroja sangre por las narices, ya sea por el efecto de la mala yerba o por los golpes que se dan a la caída. Algunas suelen convalecer, deteniendo las tropas a descansar algunos días en paraje de buen pasto o rastrojales, pero éstas son aquellas que solamente estuvieron amenazadas del mal, porque comieron poco de aquellas yerbas o fueron tan robustas que resistieron a su rigor maligno. Aquí iba a dar fin al asunto de mulas, pero mi íntimo amigo don Francisco Gómez de Santibáñez, tratante años ha en este género, me dijo que sería conveniente me extendiese más, tratando la materia desde su origen, poniendo el costo y gasto de arreos, invernadas y tabladas en donde se hacen las ventas. Me pareció muy bien una advertencia que, cuando no sea muy útil, no puede desagradar al público en general. Dicho amigo y el dictamen de otros me sacó de algunas dudas y me afirmó en las observaciones que hice yo por curiosidad. No me pareció del caso borrar lo escrito o posponerlo y así sigo el asunto por modo retrógrado, o imitando los poemas épicos.

En la gran feria de Salta hay muchos interesados. La mayor parte se comporte de cordobeses, europeos y americanos, y el resto de toda la provincia, con algunos particulares, que hacen sus compras en la campaña de Buenos Aires, Santa Fe, Corrientes y parte de la provincia de Cuyo; de modo que se puede decir que las mulas nacen y se crían en las campañas de Buenos Aires hasta la edad de dos años, poco más, que comúnmente se llama sacarlas del pie de las madres; se nutren y fortalecen en los potreros del Tucumán y trabajan y mueren en el Perú. No por esto quiero decir que no haya crías en el Tucumán o mulas criollas, pero son muy pocas, respecto del crecido número que sale de las pampas de Buenos Aires. Los tucumanos dueños de potreros son hombres de buen juicio, porque conocen bien que su territorio es más a propósito para fortalecer este ganado que para criarlo, y los de las pampas tienen justos motivos para venderlo tierno, porque no tienen territorio a propósito para sujetarlo desde que sale del pie de la madre.

Las que se compran en las referidas pampas, de año y medio a dos, cuestan de doce a diez y seis reales cada una, regulando los tres precios: el ínfimo, a doce reales; el mediano, a catorce, y el supremo, a diez y seis, de algunos años a esta parte, pues hubo tiempo en que se vendieron a cinco reales y a menos cada cabeza, al pie de la madre. Esta propia regulación observaré con las que se venden en Córdoba y Salta, por ser las dos mansiones más comunes para invernadas. Las tropas que salen de las campañas de Buenos Aires sólo se componen de seiscientas a setecientas mulas, por la escasez de las aguadas, en que no pueden beber muchas juntas, a que se agrega la falta de montes para formar corrales y encerrarlas de noche, y para suplir esta necesidad se cargan unos estacones, y con unas sogas de cuero se hace un cerco para sujetar las mulas, a que se agrega el sumo trabajo de doce hombres, que las velan por tandas, para lo cual son necesarios cuarenta caballos, que cuestan de ocho a diez reales cada uno. Aunque el comprador eche más número de caballos, no solamente no perderá, aunque se le mueran y pierdan algunos, sino que ganará porque en Córdoba valen a dos pesos y se venden a los vecinos y dueños de potreros, que los engordan de su cuenta y riesgo, para venderlos y lucrar en la siguiente campaña.

También puede el comprador que va a invernar echarlos de su cuenta a los potreros, pero este arbitrio no lo tengo por favorable, porque los peones que rodean y guardan las mulas estropean estos caballos a beneficio suyo o del dueño del potrero, en que se hace poco escrúpulo. Los referidos doce hombres para el arreo de cada tropa de seiscientas a setecientas mulas, ganan, o se les paga, de doce a diez y seis pesos en plata, con proporción a la distancia, y además de esto se les da carne a su arbitrio y alguna yerba del Paraguay. En este arreo no se necesita mansaje, porque los caballos son los que hacen todas las faenas. Están regulados los costos de cada mula, desde las campañas de Buenos Aires hasta la ciudad de Córdoba y sus inmediatos potreros, en cuatro reales, independiente del gasto que hace el dueño y principal costo.

En estos potreros se mantienen aquellas mulas tiernas, y que regulan de dos años, catorce meses, poco más o menos, y se paga al dueño de cinco a seis reales por cada una y seis mulas por ciento de refacción, que vienen a salir a ocho reales de costo cada una en la invernada, obligándose el dueño solamente a entregar el número de las que tuvieren el hierro o marca del dueño, aunque estén flacas o con cualquiera otra adición; pero las que faltan las debe reponer a satisfacción del referido dueño. En esta ciudad pagan los forasteros un real de sisa por cada mula que sacan de su jurisdicción para los potreros de Salta. Los vecinos no pagan nada, por lo que tomando el precio medio de su costo y costos, se debe regular prudentemente que cada mula que se saca de Córdoba, de las que traen de las campañas de Buenos Aires, tiene de costo veinte y seis reales, poco más o menos. Su valor en Córdoba es de treinta y seis reales, poco más o menos, por lo que regulada cada tropa de a seiscientas mulas, con la rebaja del seis por ciento, se adelanta en cada una setecientos cincuenta pesos; pero de éstos se debe rebajar el gasto que hace el comprador y sus criados en el espacio de más de dos años, que consume en ida, estadía y vuelta, hasta que concluye la invernada, que son muy distintos, según la más o menos economía de los sujetos y el mayor a menor número del empleo, su industria y muchas veces trabajo personal, que es muy rudo, teniendo presente las disparadas y trampas legales, que así llaman los peones a los robos manifiestos, de que los dueños procurarán preservarse y cautelar, a costa de un incesante trabajo.

Ya tenemos estas tropas capaces de hacer segunda campaña, hasta Salta, a donde se hace la asamblea general, saliendo de Córdoba a últimos de Abril a principios de Mayo para que lleguen a Salta en todo Junio, reguladas detenciones contingentes, y muchas veces precisas, para el descanso del ganado en campos fértiles y abundantes de agua. En esta segunda jornada se componen ordinariamente las tropas de mil trescientas a mil cuatrocientas mulas, que cada una tiene de costo cinco reales. En cada tropa de éstas van veinte hombres y setenta caballos, que cuestan de diez y seis a diez y ocho reales. El capataz gana de setenta a ochenta pesos, el ayudante treinta y los peones veinte, en plata sellada, y además de este estipendio se les da una vaca o novillo cada dos días, de modo que los veinte hombres, incluso capataz y ayudante, hacen de gasto diariamente media res, y asimismo se les da yerba del Paraguay, tabaco de humo y papel para los cigarrillos, que todo tiene de costo poco más o menos de doce pesos, cuyas especies se entregan al capataz, para que las distribuya diariamente.

Aunque dije que las mulas de Córdoba a Salta tenían de costo cada una cinco reales, regulados aquellos sobre una apurada economía, no incluidas las que mueren, se pierden o roban; y los que no quisieren exponerse a este riesgo y emprender un sumo trabajo, pueden valerse de fletadores, que las conducen de su costo, cuenta y riesgo, a siete reales por cabeza, pero es preciso que este sujeto sea abonado, y la mayor seguridad será la de que lleve en cada tropa de su cuenta, doscientas o trescientas mulas más, para completar a su dueño el número fijo que salió de Córdoba y en Santa Fe entregan y sacan recibo del dueño del potrero que destina el amo de la tropa, recibiéndosele todas aquellas mulas que tuviesen su marca o hierro y acabalando las faltas con otras corrientes, que se llaman de dar y recibir, según el estilo de comercio.

En los potreros de Salta descansan estas tropas cerca de ocho meses y observará en su elección lo que dije al principio sobre las humedades y las ilegalidades de sus dueños, que aunque por lo general son hombres de honor, se pueden hacer muchos fraudes, dando por muertas o robadas y huidas muchas mulas de las mejores de la tropa, que pueden acabalarlas con criollas que, como dije, no son a propósito para hacer el rudo trabajo al Perú. Se paga al dueño del potrero, por la guarda y pastos, a ocho reales por cabeza, que siendo del hierro y marca del amo, cumplen con entregarlas, como dije, en los potreros de Córdoba. Para la saca o salida de Salta, paga el comprador o dueño de mulas, si es forastero, seis reales de sisa por cada cabeza, cuyo derecho está destinado para la subsistencia de los presidios que están en las fronteras del Chaco y campaña anual que se hace para el reconocimiento de aquellas fronteras.

En esta segunda mansión, y antes de hacer la tercera jornada, las mulas tienen de costo, al comprador en las pampas, a 47 reales cada una, y al que compra en Córdoba a cuatro y medio pesos, le sale cada cabeza por siete pesos y un real, si no se hace el dueño fletador, que así se llama el que conduce las mulas de su cuenta, costo y riesgo. El precio de las mulas en Salta, de estos últimos años, fue de ocho pesos a ocho y medio, y el supremo nueve. El comprador paga al contado los seis reales de sisa. En cada tropa se necesitan dos caballadas: la una para apartar y recoger el ganado, y a los dueños se les paga cuatro reales por cada hombre todos los días, aunque monte cada uno veinte caballos, los estropee o mate. La otra caballada se fleta hasta la Abra de Queta, 60 leguas distante de Salta. Esta caballada sirve para atajar y contener las mulas que salen lozanas y muy briosas de la invernada de Salta. Al dueño de la caballada se le pagan cuatro pesos y medio por cada tres caballos que monta cada mozo, uno por la mañana, otro al mediodía y otro a la noche; de modo que por el trabajo de tres caballos en sesenta leguas se paga al dueño los referidos cuatro pesos y medio, y este tiene la obligación de enviar dos mozos de su cuenta para regresar los caballos que queden de servicio, que regularmente son pocos y muchas veces ninguno, porque las jornadas son largas y a media rienda, para no dar lugar a que las mulas disparen y se vuelvan a la *querencia*. Todos los días se montan 50 caballos, hasta dicha quebrada, por lo que a lo menos van en cada tropa 150. En el resto del camino ya no se necesitan caballos, porque además de que perdieron el primer ímpetu las mulas, caminan ya como encallejonadas entre los empinados cerros, y ya desde Salta no se hacen corrales para encerrar el ganado de noche, que se moriría de hambre, respecto del poco y mal pasto que hay en el camino real en la mayor parte del Perú, por lo que es preciso que coman y descansen de noche en algunas ensenadas y cerros, y desde la referida quebrada de Queta empieza a servir el mansaje.

Cada tropa de mulas que sale de Salta se compone de 1700 a 1800. Cada una necesita de 70 a 80 mulas mansas, si son buenas y de servicio, con lo que se debe tener gran cuidado, porque estas mulas no sólo sirven para el arreo, sino para la conducción de cargas, que sólo la gente necesita de seis a siete para bizcocho, harina, carne, maletas, lazos y demás chismes, con la carga de petacas del capataz. Estas mulas mansas, siendo comunes, cuestan un peso más; pero siendo de las que llaman rocinas, esto es, muy mansas y diestras para carga y silla, se pagan a 3 pesos más cada una, que salen de Salta a doce pesos muy cumplidos, y que apenas los dan por ellas en el Perú, porque llegan muy trabajadas, flacas y matadas, y con tantas mañas como si fueran de alquiler.

En cada tropa de Salta al Perú sólo van diez y seis hombres, incluso el ayudante y capataz. Este gana hasta Oruro, 300 pesos; hasta el Cuzco o tablada de Coporaca, 500; y hasta Jauja o tablada de Tucle, 850 pesos. El ayudante hasta la primera estación, 160 o 170; por la segunda, 225; y por la tercera, 360; diez pesos más o menos. Los peones 65 pesos, 120 y 175, hasta la última tablada de Tucle; y si pasan a otras, como las de Pachacama a Travesías, se ajustan o con el dueño de la tropa o con el comprador, sin observar proporción. El dueño permite introducir en la tropa de 20 a 30 mulas al capataz, de 10 a 12 al ayudante y de 2 a 4 para cada peón, que se consideran para su regreso, en que hay trampas inevitables. Lo cierto es que los peones salen de la última tablada con una mula de deshecho, manca, tuerta y coja, y mediante la devoción de su rosario llegan a Salta con tres o cuatro mulas buenas y sanas, aunque algunos encuentran con dueños igualmente diestros con quienes se componen amigablemente, soltando la presa sin resistencia; pero los buenos tucumanos son tan hábiles como los gitanos y trastornan cerros y hacen tantos cambios como los genoveses con sus letras. Mucho tuviera que decir sobre este asunto, si sólo se dirigiera a la diversión. La paga de capataz, ayudante y peones de cada tropa parecerá exorbitante a los que, como yo, estamos hechos a ver y experimentar lo mal graduado que está el trabajo personal en el Perú, sobre que me explicaré más adelante con distinción, pero ahora sólo conviene explicar el modo con que se hacen estas pagas en Salta, y las utilidades que quedan en aquella ciudad, por las habilitaciones que hacen los comerciantes de ella a favor de los compradores de mulas, que regularmente emplean con ellas todo su caudal, por conveniencia propia. Los comerciantes o tenderos de Salta se hacen cargo de habilitar en plata y efectos a la gente de la tropa.

A la gente, esto es, a los peones, se les señala una tienda para que se habiliten de algunos efectos para su uso y el de su familia. Estos se dan por el mercader a precio de plaza, y a su elección, procurando el mercader arreglarse a las órdenes de los dueños de las tropas y de su parte procurar darles lo menos que se pueda en plata sellada, para dar salida a sus efectos. El dueño de la tropa o tropas procurará estrechar lo posible este socorro, porque si los peones van muy recargados y sin el preciso avío para la vuelta suelen huirse, y verse precisado el capataz a conchavar otros, con grave perjuicio del dueño de la tropa, que muy rara vez recauda estas públicas usurpaciones.

Estos suplementos en plata y efectos todos los troperos los reputan por de primera deducción, y así los más lo pagan del valor de las primeras mulas que venden a plata en contado, como es de justicia, y este comercio se cuenta por el más efectivo y útil a los mercaderes de Salta. Al capataz no se le pone límite, porque regularmente es hombre de honor, y, con corta diferencia, sucede lo propio con su ayudante. Sobre el ajuste que llevo dicho, y considerado como plata en contado, se rebaja por el dueño de la tropa un 25 por ciento al capataz, al ayudante 50 y a los peones 75 por ciento, en lugar de 100 por 100, que se les rebajaba antes por recíproca convención, en que no hay usura, como algunos ignorantes piensan; pero siendo cierto lo que algunos troperos me han dicho, de que la mayor parte perjudicaban a la gente por ignorancia en la exacción del 25, 50 y 75 por ciento, por ignorar la regla de 3, que llaman vulgarmente de rebatir, tengo por conveniente sacarles de un error que acaso será imaginario o, como probaré, imposible, en algunos casos.

Si al capataz, por ejemplo, que gana hasta la tablada de Coporaca 500 pesos, y sobre esta cantidad se le rebaja el 25 por ciento, le agravian en 25 pesos. Esta cantidad es casi imperceptible, porque se exige a unos hombres nada versados en cuentas, y mucho menos en cálculos, que necesitan más penetración. El ayudante, con menos luces, percibiría mejor en engaño; pero mucho más el peón, más bárbaro y grosero; pero la prueba más clara y evidente de que no se les ha formado jamás la cuenta según nos han informado, a lo menos por lo que toca a ayudantes y peones, es que antiguamente se les rebajaba a éstos el ciento por ciento, y deben confesar los del error primero que a estos hombres no se les pagaba nada por un trabajo tan rudo. La cuenta del ciento por ciento abre los ojos al hombre más ciego, porque no debía pagar nada o debía pagarle la mitad del ajuste fantástico en plata y efectos al precio regular de la plaza, y como si fuera a plata en contado. Porejemplo, al peón que ganaba desde Salta a Coporaca ciento veinte pesos, se le daban sesenta, cuando se le rebajaba el ciento por ciento, y al presente, que está reducida la rebaja a setenta y cinco por ciento, se le deben dar sesenta y ocho pesos y cinco reales. La mitad en plata sellada y la otra en los efectos que eligiere al precio corriente a que se vende a plata en contado, que es la paga que rigurosamente le corresponde al peón, y no 30 pesos, como piensan algunos, deduciéndose el setenta y cinco por ciento de los 120 pesos.

La cuenta, en la realidad, es una regla de tres, que saben los muchachos de la escuela, aunque ignoran su aplicación en estos casos, y así para ejemplo, me valgo de lo que gana un capataz hasta Coporaca, que son 500 pesos, que con el aumento de veinte y cinco por ciento, que importa 125 hacen 625, y digo así: Si 625 pesos me quedan, o dan de utilidad, que lo mismo es, 500 pesos, ¿500 en cuánto me quedarán, o que utilidad me darán? Se multiplican los 500 por 500, y partiéndose luego por los 625, sale precisamente que al capataz le corresponden 400 pesos, y no 375, que resultaban de la primera cuenta. De este modo se debe proceder en los demás ajustes, con arreglo a las distancias y a lo que cada uno gana, y rebaja del más por ciento.

No he podido averiguar a punto fijo por qué se estableció en Salta este género de ajustes, cuando en Córdoba, de la misma provincia, y en la de Buenos Aires, se paga a la gente en plata sellada, como llevo dicho, sin rebaja alguna. Yo creo que en los principios en que se estableció este comercio se pagaba a la gente su trabajo en efectos, y así estipularon unos y otros a un precio alto, como sucede en Chile y otras provincias de este reino, cuando no era tan común el signo de la moneda. En la Nueva España sólo tengo noticia y alguna práctica de la provincia de Sonora, en donde cada efecto tiene un valor señalado desde los principios de la conquista; pero luego que se dio intrínseco valor a la plata, cuando se hace el canje de efectos a plata, se distingue aquél en tres precios, de ínfimo, mediano y supremo, según el más o menos de los efectos; y así, el que va a comprar con plata, en hoja a sellada, pregunta al mercader el precio a que vende, y en una palabra le dice todos los precios de sus efectos que tiene por arancel, como asimismo los del país. Si es guájete, por guájete, que significa lo mismo que un efecto por otro, según la ley de cada uno; hay sus precauciones de una y otra parte, por la más o menos abundancia de uno, y otro efecto, o de su calidad, y cada uno procura sacar ventaja a su favor.

Fuera cosa muy fácil formar un arancel de lo que rigurosamente se debía pagar en plata sellada al capataz, ayudante y peones, con arreglo a las tres tabladas de Oruro, Coporaca y Tucle, que casi son iguales en la distancia, pero como hay variedad en los ajustes sólo serviría esta cuenta de una vana ostentación. Si a la gente se le pagara todo su trabajo en plata sellada, no se encontraría en Salta quien hiciera el suplemento para los avíos y se verían precisados los tratantes en mulas a reservar un trozo de caudal para gastos y paga de derechos de sisa y regresar ese menos en mulas. Los peones gastarían el dinero en diversiones lícitas y perjudiciales a su familia, y así, el modo de sujetarlos es señalarles una tienda, a donde concurren con sus mujeres y familia, y cada uno saca lo que necesita en lienzo, lana o seda, entregándoles en plata una corta parte para pagar el sastre y correr algún gallo, como ellos dicen y que se reduce a comer, beber, bailar y cantar al son de sus destempladas liras. El resto se reserva para entregarles en plata a la vuelta o remediar las necesidades que ocurren en sus viajes, o por decirlo mejor, para sujetarlos a que le hagan redondo, como dije en otra parte.

Don Manuel del Rivero, tratante de pocos años a esta parte en mulas traídas de Salta, me aseguró había pagado en los dos viajes que hizo ciento veinte pesos físicos a cada peón, hasta la tablada de Tucle, que sale cada una a 40 pesos, y por consiguiente a seis pesos más, según mi regulación, en cada tablada. Este aumento de paga se puede hacer por dos consideraciones: la primera, por la mayor práctica y vigilancia de unos hombres en quienes consiste la felicidad o ruina de una tropa. También se aumentan los sueldos en las tropas, que llaman recargadas; quiero decir, que si una debía ser de 1700 mulas y se compone de dos mil, se le aumenta a cada peón, y a correspondencia al capataz y ayudante, su sueldo. Ya he demostrado que por la cuenta de rebatir corresponden a cada peón 34 pesos 2 reales y medio por tablada, y por la razón que dio Rivero, a 40 pesos; sobre estos dos precios se puede tomar un medio, con atención a la inteligencia de los peones y más a menos recargada tropa, debiendo advertirse que la gente que sale con destino solamente a Oruro, o sus inmediaciones, puede pedir mayor paga, porque hace un viaje corto en que impende el término de una invernada, porque no puede hacer otro hasta el año siguiente, en cuyo asunto resolverá la prudencia del tratante en mulas, pero el que no quisiere molestarse en los graves cuidados que causa una tropa, puede darla a flete a algún vecino de los muchos seguros que hay en Salta, y su regular costo es el siguiente:

Desde Salta a la tablada de Oruro, o sus inmediaciones, se paga al fletador de ocho a nueve reales por cada mula, con la refacción a rebaja del tres por ciento.

Hasta la segunda, nombrada Coporaca o tablada del Cuzco, se paga por cada mula, desde Salta, de 14 a 15 reales, y seis por ciento de refacción.

A la última tablada de Tucle, entre Huancavélica y Jauja, se paga de veinte a veinte y dos reales, y nueve por ciento de refacción. Por esta cuenta puede saber cualquiera el costo que le tiene una mula en cada tablada.

El asentista, o fletador, si hace el oficio de capataz, que rara vez acontece, puede hacer algunas trampas inevitables. Los capataces, por quedar bien con el dueño de la tropa, suelen hacer una maniobra que para los que no están impuestos en este trajín parecerá increíble, porque viéndose con su tropa debilitada por flaca, a que se da el título de maganta [79], procuran alcanzar la que va una jornada a dos delante, o, lo más seguro, esperar a la que viene atrás, si la consideran robusta; y en una noche obscura mezclan su tropa flaca con la de otro y por la mañana se hallan cerca de cuatro mil mulas juntas en un propio pastoreo, no teniendo otro recurso, capataces, ayudantes y peones, que el de estrechar las dos tropas y repartirlas por puntas o pelotones, y cada capataz aparta a distancia las que le corresponden, hasta completar su tropa. El que introdujo su ganado flaco o maganto con el que está en buenas carnes y brioso, jamás puede ser engañado ni dejar de mejorarse, y aunque este juego acontece raras veces, no se hace caso del grave perjuicio que resulta a la una parte, porque además de que el ganado flaco vale menos, se estropea mucho en las marchas, porque no puede seguir, sin graves fatigas, al que está en regulares carnes.

Son innumerables los perjuicios que pueden hacer a los dueños de tropas y fletadores los capataces, ayudantes y peones, sin que sirvan cuantas precauciones se han imaginado. Los robos son indispensables en unos países a donde se gradúa por habilidad este delito, que causa tanto horror entre las demás naciones del mundo. Una tropa de mulas de 1800 a 2000, necesita un

79 *Maganta*: triste, pensativa, flaca, macilenta, descolorida

pastoreo de más de una legua, para que coma bien. No siempre esta legua se halla de tablada, porque es preciso muchas veces parar entre cerros que, estando limpios de pasto en la falda, van a buscarle a la cumbre, por lo que es inmenso el trabajo de la gente en estos pastoreos. Casi toda la noche se mantienen montados, principalmente si es tenebrosa, pero en las tormentas que descargan granizo es el trabajo doble para contener un ganado que no está acostumbrado a esta especie de tempestades, en que se aniquila mucho, por lo que es conveniente adelantar la salida de Salta lo posible, y en particular aquellos que hacen sus tratos en la tablada de Tucle o sus inmediaciones, para librarse de las nevadas de la cordillera de Guanzo.

Desde este tránsito están divididos los tratantes en mulas sobre si es más conveniente dirigirlas por los altos de camino escabroso y escaso pasto o por las lomadas, en que hay mala yerba, y que llaman el camino de los Azogues. Desde luego, que los fletadores eligen el primer camino, porque cumplen con entregar cabal el número de mulas, aunque lleguen flacas y magantas, que es lo mismo que debilitadas, cojas y mancas. Los dueños que se hacen fletadores, que es lo mismo que traerlas de su cuenta, si tienen trato hecho de número de mulas, en cualquiera estado que lleguen, seguirán el rumbo de los fletadores; pero aquellos que van a vender su ganado a la tablada de Tucle, a los compradores que se presentaren de varias provincias, sólo piensan el conducirlo en buenas carnes y descansado, para que se reconozca su brío y que pueda caminar a mayor distancia.

El camino de los Azogues se dice así porque caminan por él los que salen de Huancavélica, para proveer todas las cajas, hasta Potosí inclusive. Este asentista despacha en un día muchas piaras, pero su administrador general toma sus precauciones para que no caminen unidas arriba de diez, que se componen de ciento cincuenta mulas, inclusas las remudas y de sillas para sus ayudantes y peones, en que van a lo menos de quince a diez y seis hombres, todos diestros y prácticos, y con mulas trabajadas y baqueanas. Este género de ganado, casi cansado de las jornadas antecedentes, se sujeta fácilmente en los parajes a donde la destinan los peones, que le rodean incesantemente y detienen en los arriesgados; pero una tropa de dos mil mulas, casi locas, ocupa más de una legua, y con todo el trabajo y vigilancia de los incansables tucumanos no se puede sujetar, y muchas puntas o pelotones enteros comen el garbancillo, o mala yerba, sin que se pueda remediar, de que resultan algunas mortandades, que tal vez pudieran ocasionar una ruina grande; pero, sin embargo de esta contingencia, hay algunos sujetos que prefieren una pérdida de cien mulas en cada tropa por este camino, a la decadencia que padece toda ella conducida por los altos, porque dicen los primeros que dos mil mulas flacas valen dos pesos menos cada una que las briosas y de buenas carnes, y en el caso de que se les mueran cien sólo pierden mil y seiscientos pesos, vendidas al precio de las flacas, a diez y seis pesos cada una, y que pagándoles las mil novecientas restantes, de una tropa de dos mil, a razón de diez y ocho pesos, en la referida tablada de Tucle, adelantan dos mil y cuatrocientos pesos. Los que llevan la opinión contraria hacen distinto cálculo, recelando siempre una mortandad que pueda ocasionar su ruina, sobre que no doy mi dictamen porque no tengo práctica, pero aseguro que los fletadores elegirán siempre el camino de los altos, porque cumplen con la entrega cabal de las mulas, aunque lleguen flacas, cojas o mancas, sobre que deben reflexionar los dueños de las tropas, al tiempo de los ajustes.

Otra ruta desde Santa Fe y Corrientes por Los Porongos, sin tocar en Córdoba

Don José Robledo y don Gerónimo Martiarena, tratantes antiguos en este comercio, como asimismo otros más modernos, me previnieron que desde las pampas de Buenos Aires se podían conducir tropas de mulas hasta los potreros de Salta por el camino que llaman de los Porongos, con el ahorro de la invernada de Córdoba, pero que era preciso que las mulas fuesen de tres y medio a cuatro años, para aguantar una dilatada jornada. El que emprendiere este viaje hará sus compras entre Santa Fe y Corrientes, para que la travesía sea menos dilatada, procurando que las provisiones de boca sean abundantes y no se desperdicien, porque es difícil el recurso. También van más expuestos a una irrupción de indios bárbaros; pero el mayor riesgo está en la escasez de las lluvias, o demasiado abundancia. En el primer acontecimiento y hallándose empeñado el tropero, puede experimentar una ruina. En el segundo caso, se forman unos atolladeros en que perece mucho ganado débil de fuerza para salir, y en que la destreza de los peones no le puede servir de mucho socorro, porque las mulas son tan tímidas, que luego que tocan con la barriga el agua y barro, se reduce su esfuerzo a precipitarse más o a seguir el rumbo opuesto a su salud o conservación de la vida, para que todos lo entiendan, como me expliqué antes, haciendo la comparación de mulas y bueyes. Aseguran también los referidos prácticos, que las mulas que caminan por los Porongos necesitan más invernada en Salta que las que se conducen desde los potreros de Córdoba.

Este comercio, o llámese trajín, está más seguro que otro alguno a grandes pérdidas, y las utilidades no corresponden en la realidad. Los mozos robustos y alentados, y en particular los que atravesaron el Tucumán, dan principio a él por unos cálculos muy alegres, que lisonjean su fantasía, y se acomodan con su brío e inconstancia, para no detenerse mucho tiempo en una población. Todo su deleite es la variación, y el mayor consiste en referir los sucesos adversos. Tres o cuatro fatales días con sus noches los resarcen con cuatro horas de sueño. Una buena comida con sus amigos y dos horas de juego, a que se sigue hablar del estado de su tropa y de las demás; pero como esta negociación atrae otras de la misma naturaleza, ya sea por haber tenido buen fin, o malo, suelen envejecerse en este trato, con mucho detrimento de la salud en unos viajes dilatados y violentos. No hay comerciante, en todo el mundo, que tenga igual trabajo corporal, porque además de la ida y vuelta necesitan un continuo movimiento para ventas y mucho más para las cobranzas. Aquellas, por lo general, se hacen a corregidores. Los que están acreditados, o tienen caudal propio, suelen pagar alguna cantidad al contado, pero estipulan unos plazos algo dilatados para que se verifique su cumplimiento. Otros hombres de bien, que no tienen otro recurso que el de la felicidad de sus cobranzas, y que suelen siempre quedar mal por la contingencia de ellas, sin embargo de su mucha actividad y diligencias son considerados de algunos necios por hombres inútiles, y solamente hacen trato con estos hombres de juicio y los tienen por de segunda clase.

Los terceros, que verdaderamente son despreciables por su poca práctica, facilitan a los muleros las pagas puntuales a sus plazos, que no pueden cumplir, porque el primer año apenas pueden juntar el valor de los tributos que pagan los indios, y siguiéndose éstos tienen que satisfacer asimismo la alcabala y otras pagas de suplementos para su transporte, fletes y ropas y otros infinitos gastos cuya paga deben anteponer, y al tercer año empiezan a pagar el valor de las mulas y de los efectos del repartimiento, por lo que puede dar gracias a Dios el mulero que, al fin de cuatro años cobra el valor de su tropa, que con otro año que impendió en ida y vuelta a Salta, se ajustan cinco años, en los que debe comer, vestir y calzar de una ganancia que en una tropa de dos mil mulas no llega a diez mil pesos en los tiempos presentes, saliendo con toda felicidad. Bien saben los señores muleros, o por mejor decir, más alentados y empolvados comerciantes, que la ganancia de las mulas la regulo en un precio más que común y que aunque me extiendo en el plazo de las cobranzas, tengo más ejemplares en favor que en contra, y finalmente los viejos tratantes me entienden bien, y solamente encargo a los jóvenes un poco de economía en el juego de naipes y dados y mucho más en el de las damas, que es el único pasto y entretenimiento de la sierra.

Capítulo VII

Origen de las mulas. - Modo de amansar de los tucumanos. - Modo que tienen los indios de amansar las mulas. - El comercio de las mulas

Para concluir un asunto que interesa tanto a los comerciantes que más estimo entre los trajinantes, voy a dar una razón al público ignorante en estas materias del origen y propagación de tanta multitud de mulas, que nacen en las pampas de Buenos Aires de madres yeguas. Estas, naturalmente, se juntan al caballo, como animal de su esfera, como las burras a los asnos, que se pueden considerar como a dos especies distintas, que crió Dios y entraron en el arca de Noé. Considerando los hombres, por una casualidad, que de burro y de yegua salía una especie de monstruo infecundo, pero que al mismo tiempo era útil para el trabajo por su resistencia, procuraron aumentarle; pero viendo al mismo tiempo alguna repugnancia en recibir las yeguas al pollino, y mucho más en criar y mantener la mula o macho, resolvieron encerrar la yegua, antes de su parto, en una caballeriza obscura, y luego de haber parido, desollaron el caballito y con su piel vistieron un burro recién nacido, que introdujeron a la yegua para que lo críase sin repugnancia. El jumentillo, necesitado de alimento, se arrimó a la yegua, y ésta, creyendo que es su hijo, por los efluvios de la piel, le va criando en aquella obscuridad, hasta que a pocos días se le quita la piel al asnillo, porque no lo mortifique más, y dando luz a la caballeriza adopta la yegua al jumentillo, y éste tiene por madre a la yegua, de que no se aparta aunque le agasaje la que le parió.

Así se va aumentando esta especie de hechores hasta tener el número suficiente para el de yeguas. En la España europea se valen de artificios, que no conviene explicar, para que los hechores cubran las yeguas, pero esta diligencia nace de que hay muchos criadores de corto número de yeguas, y cada uno procura que no se atrasen los partos. En las pampas de Buenos Aires hay pocos criadores con muchas yeguas cada uno, y por esta razón pierden muchas crías, por falta de *comadrones* y otras asistencias. Los *burros,* que llaman *hechores,* son tan celosos que defienden su manada y no permiten, pena de la vida, introducirse en ella caballo alguno capaz de engendrar, y sólo dan cuartel a los eunucos, como lo ejecuta el *Gran Señor*, y otros, en sus serrallos. Los tigres son los animales más temibles de los caballos y mulas; pero el burro padre se le presenta con denuedo, y no pudiendo, por su torpeza o poca agilidad, defenderse con sus fuertes armas, que son los dientes, se deja montar sobre su lomo al tigre, y después de verle afianzado con sus garras, se arroja al suelo revolcándose hasta romperle su delicado espinazo, y después le hace pedazos con sus fuertes dientes, sin acobardarse ni hacer juicio de las heridas que recibió. Finalmente el burro, que parece en la Pampa un animal estólido y sin más movimiento que el de la generación, defiende su manada o el número de yeguas mejor que el más brioso caballo. Desprecia las hembras de su especie, porque las tiene por inferiores a las yeguas. Estas le aman por todas las circunstancias, que concurren en la brutalidad.

Las mulas y machos se acomodan desde su tierna edad al vientre, y así corren tras un caballo, potro a yegua, despreciando a sus padres, por lo que salen de las pampas de edad de dos años, siguiendo la caballada como unas ovejas, espantándose solamente de cualquier objeto ridículo, pero las sujetan fácilmente los peones, hasta llegar a los potreros de Córdoba. En estos ya se sueltan libremente, y cada punta o pelotón se junta con uno a dos caballos capones, o ya sean yeguas, que les es indiferente, y hacen una especie de ranchos, para comer y beber. Cuando salen de esta invernada, ya se hallan robustas y briosas, y dan principio a la segunda jornada, hasta Salta, entre dos espesos montes, que sólo ofrecen unas estrechas veredas que salen en línea recta al camino y otras transversales a algunas aguadas, y para detenerlas de estos extravíos es preciso que los peones anden muy diligentes, sin más luces que las opacas de sus huellas.

Este ganado tierno es tan curioso, que todo cuanto percibe quiere registrar, y ve con una atención y simplicidad notables. Una carreta parada, una tienda de campaña, una mula o caballo, son para ellas, al parecer, objetos de gran complacencia, pero esto solamente sucede a las más briosas y gordas, que se adelantan a las demás, y muchas veces, si no las espantaran a propósito, se quedarían horas enteras embobadas; pero lo propio es querer halagarlas, pasándoles la mano por la crin o lomo, que dan unos brincos y corcovos hasta colocarse en la retaguardia de la tropa, volviendo a avanzarse para tener lugar de hacer nuevas especulaciones. El resto de la tropa y la vanguardia siempre caminan a trote largo, y como van unidas y arreadas siempre de los peones no tienen lugar a distraerse. Las primeras se pueden comparar a los batidores de campaña, que van abriendo las marchas; pero si por desgracia divisan un tigre, que es el objeto más horroroso para ellas, siempre retroceden, y llevan tras sí el resto del ejército, que se divide en pelotones por los caminos y veredas, a toda carrera, hasta salir del susto, que regularmente no sucede hasta que no se fatiga.

Para asegurar y contener este regimiento, compuesto de dos batallones de a mil mulas cada uno, en espeso monte, es mucho lo que trabajan diez y seis caballos ligeros, y es preciso que cada peón o dos sigan una compañía, porque todas se desparraman, aunque sigan el propio rumbo, bajo de un ángulo. La fortuna consiste en que cada punta o pelotón va siempre unido, hasta perder el primer ímpetu; pero si, por desgracia, alguno de estos bárbaros destacamentos, por más fogoso y robusto, se dilata más y pierde las fuerzas en sitio distante del agua, suele perecer, porque cansado, no procura más que buscar las sombras de los árboles, y no la desamparan hasta que se refrescan con la noche o se debilitan tanto con el extravagante ejercicio y la sed, que se dejan morir para descansar. Un dueño de tropa o fletador, en este conflicto, se considera perdido. Los peones cansados y sus caballos casi rendidos, pasan al cabo de dos días al sitio a real en que consideran la caballada y los víveres. En él reanudan el caballo y tomando un trozo de carne cruda, vuelven a la ensenada o paraje a donde dejaron las mulas que cada uno recogió, y vuelven a registrar la circunferencia de aquellos montes para recoger algunas mulas que se hayan desparramado.

El capataz y ayudante, en este rudo trabajo, llevan la mayor parte, porque registran todos los puestos. Cuentan el número de mulas y dan providencia para que se busquen las que faltan y unirlas a un cuerpo para continuar la marcha. En esta milicia no se castigan a los soldados, ni hay más bando que el que se promulga contra los oficiales, pero éstos se descargan con los jefes, que son capataz y ayudante, que ponen a su cargo unos bisoños incorregibles. Entre otras extravagancias, o llámense locuras, de las mulas bisoñas, es digna de consideración la que voy a proponer, y que no podrán resolver acaso los mejores naturalistas y físicos. Caminan estas mulas en tropas de dos mil veinte o treinta leguas, sin agua, a trote largo, en que la sed es el mayor enemigo. Se encuentra un arroyo capaz de refrigerar y apagar la sed en pocas horas a cincuenta mil caballos y a muchos más, y entrando en él por puntas, destacamentos o compañías, dos mil mulas sedientas, es muy rara la que la bebe, y sólo gastan el tiempo en enturbiar el agua con escarceos, bramando y pisando el arroyo, aguas arriba y abajo. Si hay otro mayor a corta distancia, procuran los peones arrear la tropa precipitadamente, para que no se detenga en el primero, y dejándola descansar algún tiempo, dan lugar a que ella misma beba a su arbitrio. Fuera asunto prolijo referir todas las extravagancias de las mulas tiernas, y que llaman chúcaras en estas provincias, y así paso a referir el modo que tienen los tucumanos de amansarlas, luego que salen de la quebrada de Queta, y el opuesto que tienen los indios de las provincias que rigurosamente llaman del Perú, contándose desde los Chichas a los Guarochiries, y provincias transversales de la sierra.

Modo de amansar de los tucumanos

Antes de referir éste, me parece conveniente decir que a las mulas en cuestión no se les ha tocado, ni aun con la mano, en el pelo del vestido que les dio la naturaleza, hasta la referida tablada de Queta. Cuando las presentan los vendedores en los corrales del valle de Lerma, próximo a la ciudad de Salta, se consideran por desechos, que así dicen al ganado en general defectuoso, todas las mulas blancas o tordillas; los machos que por olvido no se caparon y todas aquellas mulas que por contingencia se lazaron, porque estos animales briosos se arrojan contra el suelo con violencia y se reputan por estropeados. Acontece esto de la duda que ponen los capataces del comprador, de si un macho es capado o no, y al echar el lazo el peón para apartarle, o a alguna mula que llaman de desecho, suele caer en una de las mejores, y ésta se considera por tal.

Luego que se llega a la referida quebrada de Queta se despide la caballada y empieza a servir el mansaje; pero como éste no alcanza para todas las faenas, se da principio a enlazar las mulas más robustas por su corpulencia y brío, y el peón está obligado a montar la que enlazare y presentare el capataz o ayudante, sin repugnancia. Esta mula hace una resistencia extraordinaria, pero la sujetan echándole otro lazo al pie, y al tiempo de querer brincar, la cortan en el aire y la abaten al suelo con violencia, y antes que vuelva en sí aquel furioso animal le amarran de pies y manos, y sujetándole la cabeza con un fuerte acial[80] le ponen su jaquimón [81] y ensillan, haciéndole por la barriga con la cincha una especie de cintura que casi le impide el resuello. En este intermedio da la pobre bestia varias cabezadas en el suelo con que se lastima ojos y dientes, hasta arrojar sangre. En esta postura brama como un toro, y para quitarle las ligaduras de pies y manos le dejan otro cabestro al pie, largo e igual al que tiene colgado del jaquimón. Así que la bestia se ve libre, se levanta del suelo con violencia, y como está sujeta de los dos cabestros, y no puede huir, da unos formidables corcovos, y cuando está más descuidada vuelven a arrojarla contra el suelo sin poner los pies en él, repitiéndose esta inhumanidad hasta que la consideran cansada, que le quitan el cabestro del pie, y tapándole los ojos monta en ella un peón, afianzado de las orejas, y otro la detiene los primeros impulsos del cabestro, que queda afianzado en la argolla de hierro que pende del jaquimón, pero sin embargo del tormento que padeció aquel animal, empieza a dar unos corcovos y bramidos parecidos a los de un toro herido y acosado de perros de presa.

Si el pobre animal quiere huir para desahogarse y sacudir la impertinente carga, le detiene el peón con el cabestro, torciéndole la cabeza y el pescuezo, que ellos, con mucha propiedad, llaman quebrárseles. Hay mula que en

---

80 *Acial*: instrumento consistente en un palo de media vara de largo en cuya extremidad hay un agujero por el cual se atan los dos extremos de una cuerda. Por ese lazo se mete el labio o parte superior del hocico de las bestias, y retorciéndole se las controla.
81 *Jaquimón*: cabezada de cordel con una argolla a la cual se ata el cabestro

este estado acomete al peón que la detiene, como lo pudiera hacer un toro bravo. El que está montado, además de afianzarse de las orejas, se sujeta con las espuelas, que es otro martirio aparte, y dicen ellos que cada uno se defiende con sus uñas. Por fin la pobre bestia se llega a atontar, toda ensangrentada y cubierta de polvo y sudor, y entonces desprende las espuelas el jinete. Le deja libre las orejas y tomando las riendas del jaquimón y suelto el dilatado cabestro, deja la mula para que camine a su arbitrio. Ya da vueltas en torno, ya se dirige a un precipicio o acomete a un elevado y peñascoso cerro; pero el peón la va llamando a fuertes tirones, sobre la derecha o izquierda, y de cuando en cuando le mete las *nazarenas,* que así llaman a sus monstruosas espuelas, hasta que la mula, cogiendo el camino real, alcanza a la tropa, que ya desde Queta camina a paso lento. El capataz o ayudante reconoce si está bien sobada la mula. Este término *soba* significa comúnmente en este reino un castigo extraordinario. Si se halla la mula todavía con algún espíritu, mandan al peón que la saque a la primera ensenada y la haga escaramucear [82]. El afligido animal no sabe más que correr y saltar, y para volverle sobre la izquierda le tiran fuertemente con la rienda del cabezón y con la mano derecha le dan tan fuertes porrazos en las quijadas hasta que inclinan el hocico y le pega al arzón de la silla, y en esta postura le hacen dar una docena de vueltas sobre la izquierda, ejecutando lo mismo, para que se deshaga, sobre la derecha. Brama la mula o macho, y luego que le aflojan la falsa rienda, corre ciegamente por cuestas y barrancos, y muchas veces se arroja al suelo desesperada, y si se descuida el fuerte jinete, que rara vez acontece, le rompe una pierna o le estropea un pie, que refieren por gran gloria y manifiestan, como los soldados las cicatrices de las estocadas y balas que recibieron en la campaña, en defensa de su patria.

Ya hice una tosca pintura de la primera *soba* que se da a una mula tierna e inocente. Este ejercicio se hace diariamente con más de veinte mulas, porque, como llevo dicho, cada peón debe montar la que le enlazare el caporal o ayudante, que siempre elige las mejores, que son las más briosas y corpulentas. Este grosero, bárbaro e inhumano modo de amansar no puede ser de la aprobación de hombre racional alguno, porque dejando aparte las muchas mulas que estropean y lastiman en muchas partes de su cuerpo, no consiguen otra cosa los dueños de tropas y fletadores, que debilitar el ganado mejor y preservarse de una *estampida*, y ahorrar algún número de mansas. Yo creo que sería más conveniente que los tratantes en mulas gastasen en cada tropa de a dos mil trescientos o cuatrocientos pesos más en el aumento del mansaje y que dejasen libres de este rudo trabajo, a por mejor decir castigo, a unas mulas inocentes e incapaces de instrucción por unos medios tan violentos. El trabajo solamente de unas dilatadas marchas, sería suficiente para quitarles aquel ímpetu que sacan de los potreros de Salta, y a lo menos llegarían a la tablada sin más mañas y adiciones que las que contra-

---

82 *Escaramucear*: o escaramuzar. Pelear los jinetes, a veces acometiendo y otras escapando

jeron por su naturaleza.

Los corregidores, que debemos considerar, citando no únicos, por los principales compradores, no reparten al mayor arriero arriba de diez mulas, y a los demás a una o dos. Los primeros introducen en sus recuas este ganado bisoño a la ligera, e insensiblemente le van domando y sujetando con el ejemplo de la formalidad de sus mulas veteranas. Observan esto ciertos viajeros la que es más a propósito de las bisoñas para la carga o la silla. A las primeras las ensayan poniéndoles una ligera carga, que llaman *atapinga* o *carta-cuenta*, que se reduce a sus maletillas y otros chismes de poco peso. A las que consideran que son de silla les ponen un simple lomillo sin estribos ni baticola, para que no se asusten, pero a unas y otras les ponen desde los principios una *mamacona*, que en la realidad es una jáquima de cuero bruto torcido, para que su cabeza se vaya acostumbrando a este género de sujeción y que no le sirva de embarazo, cuando sea preciso montarlas a cargarlas. Después se sigue, que a las de silla les cuelgan sus estribos, para que se vayan acostumbrando a su ruido y movimiento, como a las que destinan a la carga el aparejo. Este método de domar es muy conforme a la razón y uso que se observa en la sabia Europa. Nada tiene de prolijo, ni menos de costoso. Las mulas destinadas para la silla, a pocas jornadas se dejan montar de un muchacho, que va en la recua a paso lento, y una u otra vez se adelanta o atrasa, para que la mula se vaya ejercitando. Las destinadas para carga necesitan menos prolijidad, porque acostumbrándose a caminar al lento paso de la recua, van recibiendo el aumento de la carga a proporción de sus fuerzas, y se amansan insensiblemente, con el deseo de que se les alivie de ella en las pascanas o mansiones.

Modo o idea que tienen los indios para amansar sus mulas

A cada uno de éstos les reparte el corregidor una o dos, y a muchos ninguna, porque no la necesitan o no son capaces de pagarla. Todos apetecen este repartimiento. Los primeros para servirse de ellas en los transportes de sus efectos y otros para venderlas a ínfimo precio y servirse de su corto valor para emplearlo en borracheras y otros desórdenes. Los primeros amansan las mulas por un término opuesto al que siguen los tucumanos, en que unos y otros van errados, según mi concepto. Los indios, como cobardes y de débiles fuerzas, reciben gustosos una, o a lo más, dos mulas, y conduciéndolas a sus casas las amarran fuertemente, en los patios o corrales, a un fuerte tronco, que llaman en toda la América *bramadero*. Allí dejan la mula, o macho, a lo menos veinticuatro horas sin darle de comer, ni beber, y al cabo reconocen si la bestia está o no domada, pero si ven que todavía tiene bríos y pueda resistirse a la carga, o silla, la dejan otras veinticuatro horas, como ellos dicen, descansar y con más propiedad cansarle, y al cabo le ponen sobre el lomo, sin aparejo alguno, un costal de trigo, o harina de seis a siete arrobas, bien trincado a su barriga, de modo que no pueda despedirle. La bestia debilitada antes con el hambre y la sed, y después con lacarga, sigue a paso lento al que la tira, y sólo hace resistencia para detenerse a beber en un arroyo y comer algún pasto que se presenta al camino. Para todo tienen paciencia los indios, y así van domando sus mulas, según su genio pacífico y modo de pensar; pero siempre crían unos animales sin corpulencia y de débiles fuerzas, porque las trabajan antes de tiempo y sin alimento correspondiente, y los tienen siempre en un continuo movimiento.

De este principio inconsiderado, resulta la mortalidad de infinidad de mulas en la sierra, principalmente entre los indios, porque estos mis buenos paisanos sólo piensan que una mula tiene de vida y servicio, lo que dista de un repartimiento a otro. Mis buenos paisanos no distinguen si la mula es más al propósito para carga o silla, porque como no les reparte el corregidor más que una, la aplica a carga y silla al tercero día que entra en su poder, y si algún español se la alquila le arrima un par de patadas, o le da una mordida cuando más descuidado se halla, y si consigue derribarle, no haga juicio de freno, silla y pellón, alforjas y demás, porque la buena mula que se manifestaba tan lerda para hacer la jornada, retrocede al pasto o querencia con una gran velocidad, y el buen indio hace invisible los avíos, ocultándolos debajo de una peña en una quebrada honda, y el español se queda con su porrazo, patada o mordiscón y sin los avíos, si no los rescata con dinero adelantado, porque el indio jamás hace juicio de promesas, porque él nunca las cumple.

Estos dos modos de amansar, hacen una principal parte de la pérdida de tantas mulas; pero la mayor parte de las que mueren en la sierra, las ocasiona la falta de alimento. Un arriero de las inmediaciones del Cuzco, que son las mejores que tiene toda la sierra, no puede hacer más que un viaje redondo de doscientas leguas al año, o en un año, en que gastan de cinco a seis meses. Cuando pasan a Lima refuerzan sus mulas por el espacio de treinta días a lo menos en los alfalfares y pastos abundantes de sus inmediaciones. Cuando salen para Potosí, que dista cuarenta y una legua más, no tienen recurso alguno cómodo, porque son tierras todas de menos pastos comunes, y que sólo podrían reforzar sus mulas con paja cebada [83], que les costaría mucho más que les produce el porte o flete. Si en estos viajes hubiera regresos, podrían los arrieros costearse, manteniendo sus mulas en canchas [84], a paja cebada o granada, el espacio de quince días, que equivalía a treinta de alfalfa; pero como carecen de este auxilio tiran a sacar sus mulas en el mismo día que llegan las cargas, para que se mantengan en los áridos campos y llegar a su destino, con vida, y descansar, a lo menos, otros seis meses, para emprender otro viaje.

Los arrieros de la costa mantienen sus mulas pagando alfalfares todas las noches, y en los parajes donde no hay este recurso, y que no es tiempo de lo-

---

83 *Paja cebada*: paja de cebada, de textura más suave y de mejor aceptación por el ganado.
84 *Cancha*: del quichua *Kancha*, lugar descampado. Patio

mas, las fortalecen con mazorcas de maíz, que llevan de prevención, y así consiguen hacer dos y tres viajes al año en igual distancia y que sus mulas carguen más número de arrobas y se mantengan robustas cuatriplicado tiempo que las serranas. Quiero decir, que una de aquellas será de servicio cinco años, y una de éstas veinte. La primera hará cinco viajes en los referidos cinco años y la segunda hará a lo menos cuarenta en los veinte años, que regulo de vida a una mula bien tratada, aunque sea en continuo trabajo. No se crea que es ponderación dar de vida a una mula arriba de cinco años en la sierra y sus travesías, contando con casi otros tantos que regulo desde su nacimiento hasta ponerla en el trabajo. Cuento también con las muchas mulas que se imposibilitan para el trabajo mayor por cojas, mancas o deslomadas, de que hay una multitud considerable en la sierra, y que sólo sirven a los indios para cargar sus ligeros hatos y conducirlos a corta distancia.

Ha más de quince años (pero supongamos que no sean más que diez, para que ninguno lo dude), que están entrando cincuenta mil mulas de los potreros de Salta y resto del Tucumán, anualmente, y que éstas se reparten y venden desde los Chichas hasta los Guarochiríes. Además de la opinión de los mejores troperos tenemos una prueba, que aunque no es concluyente, según derecho, convence la razón natural. Convienen todos que el derecho de sisa de este comercio asciende todos los años a treinta y dos mil pesos, pagándose por cada cabeza seis reales. Para acabalar esta cantidad es preciso se registren cerca de cuarenta y tres mil mulas, por lo que sólo faltan siete mil para completar mi cálculo. Esta cantidad de mulas es de mucho bulto, pero repartidas entre muchas tropas, apenas se percibe, como en un ejército de cincuenta mil hombres no se echan de menos siete mil ni le aumentan considerablemente igual número. Los oficiales reales usan de alguna condescendencia. Los guardas los imitan en este género de equidad, y los muleros se aprovechan de la indulgencia de unos y otros valiéndose de la destreza de sus capataces, ayudantes y peones, a que se agregan las puntas de mulas que se extravían por caminos irregulares. En este trato sisan [85] muchos, como en todos los demás en que el Rey cobra sisa.

Las mulas quedan dentro de las provincias que rigurosamente llaman del Perú. No hay extracción de este género para provincias extranjeras. Por mi cálculo, en diez años entraron en el Perú quinientas mil mulas, y suponiendo que solamente se murieran a estropearan las que había, sería preciso contar actualmente con quinientas mil mulas de servicios de carga, silla, coches y calesas [86], cuyas dos últimas clases se reducen a Lima, porque en otras ciudades no se usa de este ostentoso *tren* [87], porque no se proporciona a su terreno o, por mejor decir, al uso. Por este cálculo se debían contar quinientas mil mulas útiles de carga y silla, desde los Chichas a los Guarochiríes, y no

85 *Sisar*: tomar, quitar o retener una parte de algo
86 *Calesa*: vehículo típicamente español destinado tradicionalmente el servicio público. Tiene dos grandes ruedas y una caja para dos ocupantes, con capota de tres arquillos y doble compás. No lleva pescante porque el cochero se sienta sobre la vara derecha
87 *Tren*: el aparato, y prevención de las cosas necesarias para algún viaje o expedición de campaña. Aquí se refiere a "coches y calesas"

creyendo yo que haya cincuenta mil, infiero que se mueren o estropean otras tantas anualmente en este territorio. Si para la conducción de metales de las minas a los ingenios, se valieran los mineros de las mulas, se aniquilarían diez mil más todos los años, contando solamente desde los Chichas a los Guarochiríes, en los parajes y minas que usan de los carneros de la tierra, que comúnmente, llaman *llamas* [88], de que usan para este trajín en los principales minerales de plata y azogues [89]. Aunque en esta última especie sólo los usan en Guancavélica, porque solamente en los cerros de esta villa hay minas de este metal capaces de proveer a todo el reino. Parecerá increíble que se mueran anualmente y se imposibiliten cincuenta mil mulas antes de cumplir diez años de vida, con sólo cuatro de trabajo y en sólo cuatro viajes regulados, uno con otro, de doscientas leguas, a que se debe agregar que las mulas que van a Potosí no tienen regreso de formalidad. Quiero decir que a un arriero de cien mulas apenas se le proporcionan diez cargas, y lo mismo a los del Cuzco, para bajar a Lima, a excepción de uno que conduce todos los años los reales haberes, con el título de Carta-Cuenta.

Las mulas en los valles, como el de Cochabamba, y toda la costa, desde Arica a Lima inclusive, trabajan cuatro veces más, y viven cuatro veces más por la proporción que tienen de alfalfares para su alimento, como por la benignidad del temple. La mayor parte de la sierra es tierra muy fría, en donde crece poco el pasto, y al tiempo que se habla de agostar caen los hielos y lo aniquilan. El ganado menor se aprovecha del que está al camino real, que era el que podía servir para el continuo trajín de arrieros, porque sus cansadas y debilitadas mulas no pueden ir a buscar el pasto a los cerros y quebradas, que distan tres y cuatro leguas. Hay algunos territorios medio templados que mantienen un competente pasto, pero como éstos tienen particulares dueños, los defienden y reservan para sus ganados. Los regulares de la compañía eran los más celosos sobre este asunto, que ya deseo concluir con un chiste que me contó el visitador. Dice, pues, que oyó decir que conduciendo don Fernando Cosio una tropa de mulas, le fue preciso hacer alto en pastos de una hacienda de los regulares. A poco rato de haber pastado salió el administrador con una tropa de sirvientes, a espantar el ganado. Los tucumanos no gastan muchas palabras, y son mozos que jamás resuelven nada por sí sin dar cuenta al amo, que así llaman al dueño de la tropa, siendo españoles, porque esta gente sigue la etiqueta de los europeos, y no tiene por ignominioso un término que en el Perú sólo usan los esclavos.

Llegó, pues, a la tienda de campaña en que estaba alojado Cosio, el ayudante, y llamándole con el sombrero en la mano, le dijo que había salido un teatino [90] con veinticinco hombres a caballo a espantarle el ganado (así se ex-

<hr>

88 *Llama*: palabra derivada del quechua. Rumiante andino, su pelo largo y fino, de color avellana, se emplea en tejidos: animal de carga.- Auchenia glama (Linn.), o Lama peruana (Tiedemann).

89 *Azogue*: se refiere al *Cinabrio*, mineral del cual se extrae el mercurio. El color del cinabrio varía del color canela o ladrillo al rojo escarlata, lo cual explica su empleo ancestral como pigmento, principalmente en pintura.

90 *Teatino*: estrictamente religioso regular de San Cayetano, por el obispo de Chieti (Teati), Juan Pedro Caraffa (luego Papa Pablo IV), pero el vulgo llamaba Teatinos a los jesuitas

plican ellos), y que el capataz estaba con su gente conteniéndole hasta esperar sus órdenes. Cosio, que es un montañés que no sufre una mosca sobre su frente, descolgó el naranjero, que estaba bien provisto de pólvora y balas, y encarándose al teatino, le dijo: "Alto allá, padre, si Vd no quiere ser el cuarto que eche a la eternidad". El teatino, que era hombre formal, vio con sus grandes anteojos la corpulencia de Cosio, y al mismo tiempo registró en su interior que era capaz de cualquier empresa, y no tuvo otro arbitrio que decirle ¿si los que había muerto habían sido sacerdotes? El arrogante Cosio le dijo que todos habían sido *lecheros,* pero que no haría escrúpulo en matar a cualquiera que le quisiese insultar a atropellar. El buen padre, viendo esta resolución mandó retirar a su gente, y apeándose de su brioso caballo, abrazó a Cosio y le franqueó, no solamente los pastos, sino toda su despensa, con que los tucumanos quedaron muy gustosos y extendieron su ganado, para que pastase a su satisfacción. Allá va otro chiste, aunque por distinto rumbo, pero siempre manifiesta el carácter de los tucumanos. Prendieron éstos a un mestizo que había robado dos mulas, y le estaban amarrando a un tronco. Llegó el capataz y preguntando qué sacrificio iban a hacer, le dijeron los peones que iban a arrimarle cuatro docenitas de azotes. El capataz, que es reputado entre ellos como jefe soberano, les dijo que no hiciesen con aquel pobre semejante inhumanidad, y que le despachasen libre y sin costas cortándole las A... La miserable víctima apeló de la sentencia y aceptó la primera, porque temió las resultas de la segunda en un sitio donde no había cirujano ni boticario. Confieso que si yo me hallara en tal conflicto dudaría mucho sobre cuál de los dos partidos me convendría elegir, porque he visto a un tucumano, de un chicotazo, abatir al suelo a un negro robusto y soberbio, y dejarle casi sin aliento. Supongo yo que los azotes no serían de este tamaño, porque, no digo a las cuatro docenas, pero a los cuatro, no quedaría pellejo, carne ni hueso, que no volasen por su lado. Además de su mucha pujanza, son tan diestros en el manejo del chicote, que con los extremos de las riendas pegan un azote a una mula que le hacen ir a la bolina [91] más de una cuadra, sin poder recobrar la rectitud de su cuerpo; y con esto vamos a salir de un asunto tan prolijo y que creo lo gradúe de *porra* [92] hasta mi amigo Santibáñez, y con mucho más motivo de una ciudad fastidiosa en tiempo de aguas.

Ya dije que los carreteros que entran en esta ciudad cumplen su viaje como si llegaran a Jujuy, cortando desde Cobos, y así el pasajero que tuviere negocio en ella puede seguir a Jujuy desde dicha posta, ahorrando muchos malos pasos, principalmente si es tiempo de lluvias. En Salta no faltan algunos arrierillos que conduzcan a Jujuy algún corto equipaje de cargas algo livianas. El que tuviere carga doble solicitará arriero de Escara, de la provincia de Chichas, que comúnmente bajan a Jujuy, y algunos hasta Salta, en solicitud de cargas de cera y otros efectos del Tucumán con *algo más*, que en-

91 *Ir a la bolina*: inclinada de lado, como un barco que escorado navega *de bolina* (ciñendo al viento)
92 *Porra*: sujeto pesado, molesto y porfiado

tenderá muy bien el lector sabio en materias de comercio. La salida de esta memorable ciudad, por el mayor congreso de mulas que hay en todo el orbe en igual extensión, es en el rigor de las aguas tan difícil como la entrada, pues es preciso atravesar un profundo sequión, porque aunque se formó un puentezuelo, es tan débil que sólo sirve para la gente de a pie. Un gran trecho de la campaña, así como la ciudad, está lleno de unos pozos de agua que llaman *tagaretes* [93], que sirven de estorbo y cortan la marcha.

Las tres primeras leguas son de país llano y sin piedras, y el resto monte, cuya mayor parte se camina por las pedregosas cajas de los ríos nombrados Vaqueros, Ubierna, Caldera y Los Sauces, que todos se pasan en un día más de cuarenta veces, por los caracoles que hacen en la madre. En el paraje nombrado las Tres Cruces, concluye esta jurisdicción y da principio la de Jujuy.

---

93 *Tagarete:* nombre de un arroyo de la ciudad de Sevilla, cuyo cauce fue modificado mediante encauzamientos y abovedados a medida que se expandía la ciudad.

Capítulo VIII

Jurisdicción de Jujuy. - Las postas. - Breve descripción de la provincia del Tucumán. - Costumbres de los gauderios

De las Tres Cruces a La Cabaña	3
A Jujuy	6
A Guajara	10
A los Hornillos	7
A Humahuaca	11
A la Cueva	8
A Cangrejos grandes	12
A la Quiaca	9
Son leguas	66

En el sitio nombrado las Tres Cruces no se proporcionó montar posta, por lo que fue preciso ponerla en la hacienda nombrada La Cabaña, que está tres leguas más adelante y que corresponde a la jurisdicción de Jujuy, como llevo dicho. Este sitio nombrado La Cabaña es muy abundante de aguas, que descienden de la inmediata sierra. Su actual dueño es un honrado francés, nombrado don Juan Boyzar, quien aceptó la maestría de postas bajo de las mismas condiciones que los demás tucumanos. Esta posta es una de las más útiles de toda esta carrera, para correos y pasajeros, porque estando situada a orillas del arriesgado río nombrado Perico, están sus caballos tan diestros en atravesarle que presentando el pecho a su rápida corriente, ven si se desgaja alguna peña de la próxima montaña, para evitar el riesgo deteniéndose, retrocediendo o avanzando, y dirigiéndose rectamente, al estrecho sitio de la salida. También puede servir de mucha utilidad para dar descansoa las mulas y caballos que vienen fatigados de Potosí o de la provincia de los Chichas, porque tiene un potrero tan seguro que se cierra con la puerta del patio de su casa, y para comer y beber las caballerías, no necesitan caminar una cuadra, y solamente reparé que el referido potrero, por estar en sitio bajo, sería muy húmedo, por la copia de aguas que desciende de la montaña, y asimismo por lo elevado de sus pastos, que en partes cubren las bestias, que servirá de gobierno para que no se haga mucha detención en un paraje que fortalece los cuerpos y debilita sus cascos, ablandándolos con demasía.

Jujuy es la última ciudad, según nuestro derrotero, o viceversa, la primera de las cinco que tiene la provincia del Tucumán. Su vecindario y extensión es comparable al de San Miguel. Sus habitantes fueron en otro tiempo más considerados y numerosos por sus caudales y tesón con que han mantenido sus privilegios. No permitieron a los regulares de la compañía más que un hospicio, a que éstos dieron el nombre de residencia, y lo más singular es que siendo tan litigantes como el resto de los provincianos, no admitieron ningún escribano. Su principal comercio es la cría del ganado vacuno, que venden a los hacendados de Yavi y Mojos, y para las provincias de los Chichas, y Porco, en donde se hacen las matanzas para proveer de carne, sebo y grasa a la gente que trabaja en los muchos minerales de plata que hay en las riberas que llaman de Potosí. También se aprovechan en la compra de algunas mulas que llegaron atrasadas al congreso de Salta, de algunos pegujaleros y otras deshechas por flacas, que invernan en sus potreros el espacio de un año. Tengo motivo suficiente para creer que este ganado sea muy a propósito para el Perú, sobre que se informarán mejor los tratantes en este género, con atención al corto número. Rodea esta ciudad un caudaloso río que se hace de dos arroyos grandes, el uno de agua muy cristalina y el otro de agua turbia, de que resulta un mixto, como de español e india. Se sale o entra por una hermosa tablada de media legua de largo y la mitad de ancho, y se desciende por un corto barranco, caminándose por entre montes y algunos llanos áridos diez leguas, hasta Guájara, que es la segunda posta de esta jurisdicción.

En frente de este sitio hay un volcán en que parece que Eolo tiene encerrados los vientos de esta jurisdicción. Salen con tanto ímpetu por la mañana, y causan tantos remolinos y polvareda, que asombran a todos los que no tienen práctica, y detienen el curso de las mulas. Estos vientos, aunque van perdiendo su impulso, molestan mucho hasta más adelante de la Quiaca. Desde el sitio nombrado la Cueva hasta Yavi, son tierras del marqués del Valle del Tojo, quien se hizo cargo de poner postas en su hacienda de Yavi, Cangrejos grandes y la Cueva. El que quisiere proveerse de municiones de boca partirá desde Cangrejos grandes a Yavi, desde donde se sale a Mojo, pero se previene que hay una cuesta muy alta y arriesgada, y si el marqués no la compuso, como prometió, es más acertado pasar en derechura a la Quiaca, que es la primer posta situada en la provincia de la jurisdicción de los Chichas.

El río de este nombre, que corre por un profundo barranco, divide las dos provincias de Jujuy y Chichas. Una hacienda que tomó el nombre de este río dista un tiro de piedra de él, en esta jurisdicción. Antes de entrar en la descripción de ella, no parecerá inútil dar una razón general de la mayor provincia que tiene nuestro Monarca en sus dominios, tocante al territorio que ocupa.

Descripción lacónica de la provincia de Tucumán, por el camino de postas

Desde la Esquina de la Guardia hasta el río de la Quiaca tiene de largo, por caminos de postas, situadas según la proporción del territorio, 380 leguas itinerarias, reguladas con dictamen de los mejores prácticos. Las 314 camino de carretas, del tamaño que dejo delineadas, tierra fecunda; y las 66 restantes camino de caballerías corriente y de trotar largo. País estéril, hasta Salta o Jujuy es temperamento muy benigno, aunque se aplica más a cálido, con algo de húmedo. Con algunas precauciones, como llevo dicho, se puede caminar con regalo, porque hay abundancia de gallinas, huevos y pollos, de buen gusto y baratos. La caza más común es de pavas, que es una especie de cuervo, aunque de mayor tamaño. No es plato muy apetecible, y así, sólo puede servir a falta de gallinas. También hay en la jurisdicción de San Miguel, y parte de Salta, una especie entre conejo y liebre, de una carne tan delicada como la de la polla más gorda, pero es necesario que antes de desollarla se pase por el fuego hasta que se consuma el pelo, y con esta diligencia se asan brevemente, y están muy tiernas acabadas de matar. Todo lo demás, en cuanto a caza, sólo sirve a los pasajeros para mero entretenimiento. Los ríos del tránsito, como llevo dicho desde luego, tienen algún pescado, pero el pasajero jamás hace juicio de él, ni para el regalo ni para suplir la necesidad. Las bolas, quirquinchos, mulitas y otros testáceos, sólo causan deleite a la vista y observación de las precauciones que toman para defenderse y mantenerse, y sólo en un caso de necesidad se puede aprovechar de sus carnes, que en la realidad son gustosas.

No hemos visto avestruces, como en la campaña de Buenos Aires, ni los han visto los cazadores de la comitiva, que atravesaban los montes por estrechas veredas, ni en algunas ensenadas, ni tampoco han visto una víbora, siendo su abundancia tan ponderada. Son muy raras las perdices que se encuentran, así como en las pampas son tan comunes. El visitador nos dijo que había atravesado tres veces las pampas y una los montes del Tucumán, y que ni él ni todos los de la comitiva habían visto un tigre, pero que no se podía dudar había muchísimos, respecto de la especie poco fecunda, por las muchas pieles que se comercian en estas dos provincias, y se llevan a España y se internan al Perú, aunque en menos abundancia, por lo que no se puede dudar de lo que no se ve, cuando hay pruebas tan claras. No cree que la gran culebra boba, llamada *ampalaba*, de que hay muchas en los bosques de la isla de Puerto Rico y otras muchísimas partes, atraiga a los animales de que dicen se mantiene. Este animal, monstruoso en el tamaño, sólo se halla en los montes más espesos, y siendo tan tardío en las vueltas con dificultad encontraría conejos, y muchos más venados que atraer, por lo que se persuade que se mantiene de algunos insectos, y principalmente del jugo de los árboles en que los han visto colocado, afianzándose en la tierra con la cola, que tienen en forma de caracol o de barreno. Cuando pasa, o se detiene a tragar algún animal proporcionado a sus fuerzas, va sin estrépito, y enrollándole con su cuerpo, mediante a la sujeción del trozo de cola enterrado, le sofoca y chupa como la culebra común al sapo, hasta que se lo traga sin destrozarlo. Si tiene o no atractivo o alguna especie de fascinación, no hay quien lo pueda asegurar, y sólo se discurre que algunos pequeños animalitos, como conejos, liebres o algún venado, y tal vez un ternerillo, se detengan asombrados con su vista, y entonces los atrape; pero se puede asegurar que esta caza no es su principal alimento, porque es animal muy torpe y se deja arrastrar vivo, como si fuera un tronco, a la cola de un caballo, y matar de cualquiera que lo emprenda, y no se turbe. Por lo menos en el Tucumán no se cuentan desgracias ocasionadas por estas monstruosas culebras, que creo son más raras que los tigres.

Acaso en todo el mundo no habrá igual territorio unido más a propósito para producir con abundancia todo cuanto se sembrase. Se han contado 12 especies de abejas, que todas producen miel de distinto gusto. La mayor parte de éstos útiles animalitos hacen sus casas en los troncos de los árboles, en lo interior de los montes, que son comunes, y regularmente se pierde un árbol cada vez que se recoge miel y cera, porque la buena gente que se aplica a este comercio, por excusar alguna corta prolijidad, hace a boca de hacha unos cortes que aniquilan al árbol. Hay algunas abejas que fabrican sus casas bajo de la tierra, y algunas veces inmediato a las casas, de cuyo fruto se aprovechan los muchachos y criados de los pasajeros, y hemos visto que las abejas no defienden la miel y cera con el rigor que en la Europa, ni usan de artificio alguno para conservar una especie tan útil, ni tampoco hemos visto colmenas ni prevención alguna para hacerlas caseras y domesticarlas, proviniendo este abandono y desidia de la escasez de poblaciones grandes para consumir estas especies y otras infinitas, como la grana y añil, y la seda de gusano y araña, con otras infinitas producciones, y así el corto número de colonos se contenta con vivir rústicamente, manteniéndose de un trozo de vaca y bebiendo sus alojas, que hacen muchas veces dentro de los montes, a la sombra de los coposos árboles que producen la algarroba. Allí tienen sus bacanales, dándose cuenta unos gauderios a otros, como a sus campestres cortejos, que al son de la mal encordada y destemplada guitarrilla cantan y se echan unos a otros sus coplas, que más parecen pullas. Si lo permitiera la honestidad, copiaría algunas muy extravagantes sobre amores, todas de su propio numen, y después de calentarse con la aloja y recalentarse con la post aloja, aunque este postre no es común entre la gente moza.

Los principios de sus cantos son regularmente concertados, respecto de su modo bárbaro y grosero, porque llevan sus coplas estudiadas y fabricadas en la cabeza de algún tunante chusco. Cierta tarde que el visitador quiso pasearse a caballo, nos guió con su baqueano a uno de estos montes espesos, a donde estaba una numerosa cuadrilla de gauderios de ambos sexos, y nos advirtió que nos riéramos con ellos sin tomar partido, por las resultas de algunos bolazos. El visitador, como más baqueano, se acercó el primero a la asamblea, que saludó a su modo, y pidió licencia para descansar un rato a la sombra de aquellos coposos árboles, juntamente con sus compañeros, que venían fatigados del sol. A todos nos recibieron con agrado y con el mate de aloja en la mano. Bebió el visitador de aquella zupia [94] y todos hicimos lo mismo, bajo de su buena fe y crédito. Desocuparon cuatro jayanes [95] un tronco en que estaban sentados, y nos lo cedieron con bizarría. Dos mozas rollizas se estaban columpiando sobre dos lazos fuertemente amarrados a dos gruesos árboles. Otras, hasta completar como doce, se entretenían en exprimir la aloja y proveer los mates y rebanar sandías. Dos o tres hombres se aplicaron a calentar en las brasas unos trozos de carne entre fresca y seca, con algunos caracúes, y finalmente otros procuraban aderezar sus guitarrillas, empalmando las rozadas cuerdas. Un viejo, que parecía de sesenta años y gozaba de vida 104, estaba recostado al pie de una coposa haya, desde donde daba sus órdenes, y pareciéndole que ya era tiempo de la merienda, se sentó y dijo a las mujeres que para cuándo esperaban darla a sus huéspedes; y las mozas respondieron que estaban esperando de sus casas algunos quesillos y miel para postres. El viejo dijo que le parecía muy bien.

El visitador, que no se acomoda a calentar mucho su asiento, dijo al viejo con prontitud que aquella expresión le parecía muy mal, "y así, señor Gorgonio, sírvase Vd. mandar a las muchachas y mancebos que canten algunas coplas de gusto, al son de sus acordados instrumentos". "Sea enhorabuena, dijo el honrado viejo, y salga en primer lugar a cantar Cenobia y Saturnina, con Espiridión y Horno de Babilonia". Se presentaron muy gallardos y preguntaron al buen viejo si repetirían las coplas que habían cantado en el día o cantarían otras de su cabeza. Aquí el visitador dijo: "Estas últimas son las que me gustan, que desde luego serán muy saladas". Cantaron hasta veinte horrorosas coplas, como las llamaba el buen viejo, y habiendo entrado en el instante la madre Nazaria con sus hijas Capracia y Clotilde, recibieron mucho gusto Pantaleón y Torcuato, que corrían con la chamuscada carne. Ya el visitador había sacado su reloj dos veces, por lo que conocimos todos que se quería ausentar, pero el viejo, que lo conoció, mandó a Rudesinda y a Nemesio que cantasen tres o cuatro coplitas de las que había

---

94 *Zupia*: vino revuelto que tiene mal color y sabor. Por extensión cualquier líquido de mal aspecto y sabor

95 *Jayán*: mozo de gran estatura y robustez

hecho el fraile que había pasado por allí la otra semana. El visitador nos previno que estuviésemos con atención y que cada uno tomásemos de memoria una copla que fuese más de nuestro agrado. Las primeras que cantaron, en la realidad, no contenían cosa que de contar fuese. Las cuatro últimas me parece que son dignas de imprimirse, por ser extravagantes, y así las voy a copiar, para perpetua memoria.

Dama: Ya conozco tu ruin trato
             y tus muchas trafacías [96],
             comes las buenas sandías
             y nos das liebre por gato.

Galán: Déjate de pataratas [97],
             con ellas nadie me obliga,
             porque tengo la barriga
             pelada de andar a gatas.

Dama: Eres una grande porra,
             sólo la aloja te mueve,
             y al trago sesenta y nueve
             da principio la camorra.

Galán: Salga a plaza esa tropilla,
             salga también ese bravo,
             y salgan los que quisieren
             para que me limpie el r...

"Ya escampa, dijo el visitador, y antes que lluevan bolazos, ya que no hay guijarros, vámonos a la tropa", con que nos despedimos con bastante dolor, porque los muchachos deseábamos la conclusión de la fiesta, aunque velásemos toda la noche; pero el visitador no lo tuvo por conveniente, por las resultas del trago sesenta y nueve. El chiste de liebre por gato nos pareció invención del fraile, pero el visitador nos dijo que, aunque no era muy usado en el Tucumán, era frase corriente en el Paraguay y pampas de Buenos Aires, y que los versos de su propio numen eran tan buenos como los que cantaron los antiguos pastores de la Arcadia, a pesar de las ponderaciones de Garcilaso y Lope de Vega. También extrañamos mucho los extravagantes nombres de los hombres y mujeres, pero el buen viejo nos dijo que eran de santos nuevos que había introducido el doctor don Cosme Bueno en su calendario, y que por lo regular los santos nuevos hacían más milagros que los antiguos, que ya estaban cansados de pedir a Dios por hombres y mujeres, de cuya extravagancia nos reímos todos y no quisimos desengañarlos porque

96 *Trafacías*: vulg. trapacerías, artificios engañosos e ilícitos con que se perjudica o engaña a alguien
97 *Patarata*: ficción, mentira, patraña

el visitador hizo una cruz perfecta de su boca, atravesándola con el índice. Aunque los mozos unos a otros se dicen machos, como asimismo a cualquiera pasajero, no nos hizo mucha fuerza, pero nos pareció mal, que a las mozas llamasen machas; pero el visitador nos dijo que en este modo de explicarse imitaban al insigne Quevedo, que dijo con mucha propiedad y gracia: "Pobres y pobras", así éstos dicen machos y machas, pero sólo aplican estos dictados a los mozos y mozas.

Esta gente, que comporte la mayor parte del Tucumán, fuera la más feliz del mundo si sus costumbres se arreglaran a los preceptos evangélicos, porque el país es delicioso por su temperamento, y así la tierra produce cuántos frutos la siembran, a costa de poco trabajo. Es tan abundante de madera para fabricar viviendas cómodas, que pudieran alojarse en ellas los dos mayores reinos de la Europa, con tierras útiles para su subsistencia. Solamente les falta piedra para fuertes edificios, mares y puertos para sus comercios, en distancias proporcionadas, para costear la conducción de sus efectos; pero la falta mayor es la de colonos, porque una provincia tan dilatada y fértil apenas tiene cien mil habitantes, según el cómputo de los que más se extienden. Las dos mayores poblaciones son Córdoba y Salta. Las tres del camino itinerario, que son Santiago del Estero, San Miguel del Tucumán y Jujuy, apenas componen un pueblo igual al de Córdoba y Salta, y todas cinco poblaciones, con el nombre de ciudades, no pudieran componer igual número de vecinos a la de Buenos Aires. Cien mil habitantes en tierras fértiles componen veinte mil vecinos de a cinco personas, de que se podían formar 200 pueblos numerosos de a cien vecinos, con 500 almas cada uno, y en pocos años se podrían formar multitud de pueblos cercanos a los caudalosos ríos que hay desde el Carcarañá hasta Jujuy.

En la travesía no falta agua, y aunque suele sumirse, se podrían hacer norias con gran facilidad, porque con la abundancia de madera podían afianzar las excavaciones para los grandes pozos. La multitud de cueros que se desperdician les daría sogas y cubos en abundancia, y la infinidad de ganados de todas especies trabajaría en las sacas de las aguas, sin otro auxilio que el de remudarlos a ciertas horas, y solamente costaría trabajo formar estanques por falta de piedra, cal y ladrillo; pero en este caso podían suplir bien los gruesos troncos de árboles, cuadrándolos a boca de hacha o haciéndoles a lo menos sus asientos, como se practica en Ica y otras partes. No hay necesidad de que estos pozos tengan más profundidad que la de una vara, con tal que su circunferencia sea correspondiente a la necesidad del hacendado o colonos unidos, y cuando les pareciere que estas obras son muy laboriosas y costosas, se puede hacer la excavación a modo de las naturales, que forman competentes lagunas para que beba el ganado, como sucede en las cercanías del río Tercero y en otras infinitas partes del reino. Es cierto, como llevo dicho, que esta especie de lagunillas se hace impenetrable a todo género de ganado menos al vacuno, porque con la mucha concurrencia se hacen grandes atolladeros en sus bordes, en tiempo de secas, lo que no sucedería en las lagunas, que no se sujetan a proveerse de las lluvias.

Si la centésima parte de los pequeños y míseros labradores que hay en España, Portugal y Francia, tuvieran perfecto conocimiento de este país, abandonarían el suyo y se trasladarían a él: el cántabro español, de buena gana; el lusitano, en *boahora*, y el francés *trés volontiers*, con tal que el Gran Carlos nuestro Monarca, les costeara el viaje con los instrumentos de la labor del campo y se les diera por cuenta de su real erario una ayuda de costas, que sería muy corta, para comprar cada familia dos yuntas de bueyes, un par de vacas y dos jumentos, señalándoles tierras para la labranza y pastos de ganado bajo de unos límites estrechos y proporcionados a su familia, para que se trabajasen bien, y no como actualmente sucede, que un sólo hacendado tiene doce leguas de circunferencia, no pudiendo trabajar con su familia dos, de que resulta, como lo he visto prácticamente, que alojándose en los términos de su hacienda, una a dos familias cortas se acomodan en unos estrechos ranchos, que fabrican de la mañana a la noche, y una corta ramada para defenderse de los rigores del sol, y preguntándoles que por qué no hacían casas más cómodas y desahogadas, respecto de tener abundantes maderas, respondieron que porque no los echasen del sitio o hiciesen pagar un crecido arrendamiento cada año, de cuatro a seis pesos; para esta gente inasequible, pues aunque vendan algunos pollos, huevos o corderos a algún pasajero no les alcanza su valor para proveerse de aquel vestuario que no fabrican sus mujeres, y para zapatos y alguna yerba del Paraguay, que beben en agua hirviendo, sin azúcar, por gran regalo.

No conoce esta miserable gente, en tierra tan abundante, más regalo que la yerba del Paraguay, y tabaco, azúcar y aguardiente, y así piden estas especies de limosna, como para socorrer enfermos, no rehusando dar por ellas sus gallinas, pollos y terneras, mejor que por la plata sellada. Para comer no tienen hora fija, y cada individuo de estos rústicos campestres, no siendo casado, se asa su carne, que es principio, medio y postre. A las orillas del río Cuarto hay hombre que no teniendo con qué comprar unas polainas y calzones mata todos los días una vaca o novillo para mantener de siete a ocho personas, principalmente si es tiempo de lluvias. Voy a explicar cómo se consume esta res. Salen dos o tres mozos al campo a rodear su ganado, y a la vuelta traen una vaca o novillo de los más gordos, que encierran en el corral y matan a cuchillo después de liado de pies y manos, y medio muerto le desuellan mal, y sin hacer caso más que de los cuatro cuartos, y tal vez del pellejo y lengua, cuelgan cada uno en los cuatro ángulos del corral, que regularmente se componen de cuatro troncos fuertes de aquel inmortal guarango. De ellos corta cada individuo el trozo necesario para desayunarse, y queda el resto colgado y expuesto a la lluvia, caranchos y multitud de moscones.

A las cuatro de la tarde ya aquella buena familia encuentra aquella carne roída y con algunos gusanos, y les es preciso descarnarla bien para aprovecharse de la que está cerca de los huesos, que con ellos arriman a sus grandes fuegos y aprovechan los caracúes, y al siguiente día se ejecuta la misma tragedia, que se representa de Enero a Enero. Toda esta grandeza, que acaso asombraría toda la Europa, se reduce a ocho reales de gasto de valor intrínseco, respecto de la abundancia y situación del país.

Desde luego que la gente de poca reflexión graduará este gasto por una grandeza apetecible, y en particular aquellos pobres que jamás comen carne en un año a su satisfacción. Si estuvieran seis meses en estos países, desearían con ansia y como gran regalo sus menestras [98] aderezadas con una escasa lonja de tocino y unos cortos trozos de carne salada, pies y orejas de puerco, que no les faltan diariamente, como las migas y ensaladas de la Mancha y Andalucía, con la diferencia que estos colonos, por desidiosos, no gozan de un fruto que a poco trabajo podía producir su país, y aquellos por el mucho costo que les tiene el ganado, que reservan para pagar sus deudas, tributos y gabelas. En la Europa, la matanza por navidad de un cebón, que es una vaca o buey viejo invernado y gordo, dos o tres cochinos, también cebados, es el principal alimento de una familia rural de siete a ocho personas para aderezar las menestras de habas, frijoles, garbanzos y nabos, de que hacen unas ollas muy abundantes y opíparas, independientes de las ensaladas, tanto cocidas como crudas, de que abundan por su industria, como de las castañas y poleadas [99], que todo ayuda para un alimento poco costoso y de agradable gusto, a que se agrega el condimento de ajos y cebollas y algún pimiento para excitar el gusto, de que carecen estos bárbaros por su desidia, en un país más propio por su temperamento para producir estas especies. Estos así están contentos, pero son inútiles al estado, porque no se aumentan por medio de los casamientos ni tienen otro pie fijo y determinado para formar poblaciones capaces de resistir cualquiera invasión de indios bárbaros.

A éstos jamás se conquistarán con campañas anuales, porque un ejército volante de dos a tres mil hombres no hará más que retirar a los indios de un corto espacio del Chaco, y si dejan algunos destacamentos, que precisamente serán cortos, los exponen a ser víctimas de la multitud de indios, que se opondrán a lo menos cincuenta contra uno. Para la reducción de éstos no hay otro arbitrio, que el de que se multipliquen nuestras poblaciones por medio de los casamientos, sujetando a los vagantes a territorios estrechos y sólo capaces de mantenerlos con abundancia, con los correspondientes ganados, obligando a los hacendados de dilatado territorio a que admitan colonos perpetuos hasta cierto número, con una corta pensión los primeros diez años, y que en lo sucesivo paguen alguna cosa más, con proporción a los intereses que reportaren de la calidad de las tierras y más a menos industria, aunque creo sería más acertado como sucede en algunas provincias de la Eu-

---

98 *Menestras*: guisados o potajes de yerbas y legumbres
99 *Poleadas*: gachas, puches o pulientas, comida a base de harinas, miel y agua cocida al fuego. Masa muy blanda con algo de líquido

ropa, el que estos colonos pagasen sus censos en las especies que cogiesen de la misma tierra, como trigo, maíz y cebada, los labradores; los pastores y criadores de ganado en vacas o novillos, carneros, gallinas, etc., para que unos y otros procurasen aumentar estas especies y alimentarse mejor, y sacar de sus sobrantes para pagar el vestido.

Si los caminantes supieran que estos colonos gastaban pan, se ahorrarían el trabajo de cargarlo muchas veces para más de treinta días, como nos sucedió a nosotros varias veces, con la precisión de comerlo tan verde como la alfalfa y tan lleno de moho que era preciso desperdiciar de ocho partes las siete, y lo propio digo de otras especies necesarias para el regalo y para pasar la vida sin tantas miserias. Un pasajero a la ligera, con necesidad de comer, se ve precisado a detenerse cuatro o cinco horas mientras le traen un cordero de mucha distancia y le asan un trozo; pero si le quiere sancochado, en muchos parajes apenas se encuentra sal, y muchas veces ni un jarro de agua para beber, porque de nada tienen providencia, viviendo como los israelitas en el desierto, que no podían hacerla de un día para otro, a excepción del viernes para el sábado, en que se les había prohibido todo género de trabajo por la ley antigua. Estos colonos, o por mejor decir gauderios, no tienen otra providencia que la de un trozo grande de carne bajo de su ramada, y muchas veces expuesto a la inclemencia del tiempo, fundando todo su regalo en esta provisión. Sus muebles se reducen a un mal lecho, peor techo, una olla y un asador de palo; silla, freno, sudaderos, lazos y bolas, para remudar caballos y ejercitarse únicamente en violentas carreras y visitas impertinentes. A esta gente, que compone la mayor parte de los habitantes de la dilatada y fértil provincia del Tucumán, se debía sujetar por medio de una contribución opuesta a la que por extravagancia impusieron los emperadores de México y el Perú.

Estos señores despóticos tenían a sus vasallos en un continuo movimiento y sujetos a un tributo anual, pero usaron de una extravagante y bárbara máxima de cobrar a ciertas naciones groseras y asquerosas la talla o tributo en piojos, en que verdaderamente aumentaban esta inmunda especie, porque era cosa natural que aquellos vasallos procurasen adelantar la cría. Si Moctezuma y el último Inca mandara a sus asquerosos vasallos que pagasen por cada piojo que se les encontrase en su cuerpo un guajolote, o cui, procurarían aumentar esta especie tan útil y sabrosa, y casi aniquilar la asquerosa, impertinente y molesta. Yo no sé si aquellos bárbaros tenían por regalo comer los piojos, porque me consta que actualmente los comen algunas indias, mestizas y también señoras españolas serranas, aunque éstas ocultan este asqueroso vicio, como las que preñadas tienen la manía de comer barros olorosos y muchas veces pedazos de adobe, que es una compasión ver sus resultas. Finalmente, los habitantes del Tucumán, por lo general, se pueden comparar a las vacas de Faraón, que estaban flacas en pasto fértil. Los principales de esta provincia se mantienen con competente decencia, principalmente en Córdoba y Salta, y dan a sus hijos la crianza correspondiente, enviándolos con tiempo a la casa de estudios, y así se ven sujetos sobresalientes. Todos los demás habitantes son gente muy capaz de civilización. La mayor parte de las mujeres saben la lengua quichua, para manejarse con sus criados, pero hablan el castellano sin resabio alguno, lo que no experimenté en los pueblos de la Nueva España, y mucho más en los del Perú, como declararé cuando llegue a esos países, por los que pasaré precipitadamente; y mientras llega Mosteiro de la comisión con que pasó a Yavi, y descansamos algunas horas en la Quiaca, a donde finaliza la gran provincia del Tucumán, daremos una vuelta fantástica por las pampas, hasta la capital del reino de Chile.

Capítulo IX

Ruta desde Buenos Aires a Santiago de Chile. - Las postas por Mendoza. - Habitantes de la campaña. - Sus costumbres. - El juego de la chueca y del pato. - El puente del Inca

Desde Buenos Aires hasta el Saladillo			
de Ruy-Díaz:	postas, 8;	leguas	96
Del Saladillo al Paso			2
A la frontera nombrada el Sauce			24
A la Carreta Quemada			13
A San José			6
Al río Cuarto			4
Al principio de la Lagunilla			3
Al paso de la Lagunilla			1
Al paso de las Lajas			9
Al Morro			10
A la ciudad de San Luis de Loyola			25
A la Cieneguita de Corocorto			37
A Médano grande			2
A la vuelta de la Ciénaga			26
A la ciudad de Mendoza			<u>6</u>
	Postas, 22;	leguas	264

Desde Buenos Aires al Saladillo de Ruy-Díaz son comunes las postas a las dos carreras de Potosí y Chile. Antes se apartaban en el pueblo nombrado la Cruz Alta, y algunos correos atravesaban desde el Pergamino a la punta del Sauce, llevando caballos propios, pero el visitador, con dictamen de hombres prácticos, dispuso se dividiesen los correos en el Saladillo de Ruy-Díaz, por la mayor facilidad y seguridad, hasta el fuerte nombrado el Sauce. Siendo preciso al visitador hacerse cargo de la ruta general hasta Lima por Potosí, destinó a don Juan Moreno, persona de mucha agilidad, para que situase las postas desde el referido Saladillo hasta Mendoza, y, en caso necesario hasta el puerto de Valparaíso, bajo de sus instrucciones, y con la precaución que tomó, hasta el referido Saladillo.

Los correos de Buenos Aires que pasan a Chile, y lo mismo los pasajeros que caminasen por la posta, pueden pasar desde la Cabeza del Tigre al paso del Saladillo, con los mismos caballos, porque sólo hay de distancia siete leguas, y se ahorrarán la detención de las remudas en una tan corta de dos leguas, aunque siempre será acertado informarse del postillón del paraje en que hay mejores y más prontos caballos.

Las leguas desde el Saladillo hasta Mendoza, acaso no estarán bien reguladas, porque en este tránsito hay pocos sujetos de observación, pero basta que sean leguas comunales, o consideradas entre los habitantes. La gran desigualdad de las postas consiste en los despoblados y aquellas que parece se pudieran omitir por constar de número corto de leguas, se establecieron con respecto a la continua mudanza que hacen aquellos colonos de uno a otro sitio, y para que no falte fácilmente sujeto que por obligación provea de caballos a correos y pasajeros. En las travesías a la frontera de la punta del Sauce, San Luis de Loyola, Corocorto y la vuelta de la Ciénaga, será conveniente, y aún necesario, llevar remuda de caballos, tomando las medidas para avanzarse todo lo posible, y aún concluir las más desde las 4 de la tarde hasta las 8 o 10 del día siguiente, por la falta de agua en tiempos de seca.

Los habitantes, desde Buenos Aires hasta Mendoza, ocupan un territorio llano, dilatado y de piso fuerte por lo general. Sus diversiones, fuera de sus casas, se reducen a jugar la chueca [100] bárbaramente, y sin orden, porque aunque es un género de malla, es solamente una bola entre muchos sujetos, que a porfía la golpean. Algunos se avanzan para cogerla, y como la bola, por el desorden, no lleva siempre el movimiento recto, hay cabezas rotas, y muchas veces pies y piernas lastimadas. También juegan al pato [101] en competentes cuadrillas. Una de éstas, entre Luján y Buenos Aires, llegó hasta el camino real cerca de la oración, al mismo tiempo que pasaba don Juan Antonio Casau con algunas mulas cargadas de un caudal considerable, y habiéndose espantado y disparado por distintos rumbos, se halló con la falta de un zurrón de doblones que importaba 3200 pesos, quien después de algunas

---

100 *Chueca*: juego mapuche, al que llamaban palitún. Se jugaba formando dos bandos, armado cada individuo de un garrote encorvado en uno de los extremos, con el cual se disputaban una pelota de madera que debía ser lanzada al campo contrario, en medio de una confusa gritería. Muchas veces dirimían sus disputas en partidos de chueca.

101 *Pato*: Se estima que el Juego de Pato tiene más de 400 años de antigüedad. En su comienzos era peligroso y con trágicos resultados, por lo que fue prohibido por Rivadavia en la Provincia de Buenos Aires. La competencia se realizaba entre doscientos jinetes con aperos de plata y oro, caballos cuidados, que se dividían en dos grupos; a veces el campo de juego era de estancia a estancia. El pulpero, generalmente era quien entregaba un pato introducido en una bolsa de cuero con cuatro largas manijas. Y allí comenzaba la lucha, los forcejeos, pechadas, tirones hercúleos, tropeles y confusión, con pérdida de equilibrio, y tremendas consecuencias, hasta que un jinete lograba llevar el trofeo hasta la estancia siguiente, en donde esperaba un público ansioso por vitorear al vencedor.

diligencias pasó con el resto a Buenos Aires, a donde por su dicha halló a don Cristóbal Francisco Rodríguez, con quien comunicó su desgracia, dando por perdido el zurrón; pero don Cristóbal, sin turbarse, pasó a ver al gobernador, quien le dio una escolta de dragones para que le acompañasen con el alguacil mayor. Los buenos de los gauderios rompieron el zurrón y repartieron entre sí las dos mil piezas de a ocho escudos, que con la oscuridad de la noche tuvieron por pesos dobles, que es la moneda que comúnmente pasa de Lima y Potosí a Buenos Aires, a donde sólo por casualidad se ven doblones.

Por la mañana se hallaron asombrados al ver convertido el color blanco en rojo, creyendo que Dios, en castigo del hurto, había reducido los pesos a medallas de cobre, y así las entregaron a sus mujeres y hermanas, a excepción de unos muchachos hijos de un hombre honrado, que se desaparecieron con poco más de dos mil pesos. Don Cristóbal, sin perder momentos, cercó todo el pago con su escolta y recogió todos los doblones, a excepción de dos mil y tantos pesos, que se llevaron los muchachos advertidos, pero los pagó su padre dentro de un corto plazo, con los costos correspondientes. Los demás delincuentes, que simplemente se dejaron prender, por parecerles que cumplían con entregar la presa, o por considerarla de muy corto valor, fueron a trabajar por algunos años a las obras de Montevideo. Lo cierto es que si Casau no encuentra con la viveza y suma diligencia de Rodríguez, pierde seguramente la mayor parte de los 3200 pesos, porque no dio lugar a que reflexionasen los gauderios y preguntasen a algunos el valor de las medallas. Verdaderamente que, así esta gente campestre como la del Tucumán no es inclinada al robo, ni en todo el Perú se ha visto invasión formal a las muchas recuas de plata, así en barras como en oro, que atraviesan todo el reino con tan débil custodia que pudiera ponerla en fuga o sacrificarla un solo hombre, pues muchas veces sucede que dos arrieros solos caminan dilatadas distancias con diez cargas de plata. No conviene hablar más sobre este asunto, pero advierto a los conductores de los situados, que pasan de Potosí a Buenos Aires, tengan más cautela cuando se camina entre los espesos y dilatados montes del Tucumán.

En el camino, como llevo dicho, no falta carne de vaca, carnero y pollos, aunque a distancias dilatadas, como se ve por el itinerario, y así se proveerá cada uno de los pasajeros con arreglo a su familia y más o menos lentitud del viaje, previniendo que la leña escasea en muchas partes y es preciso muchas veces robar los estacones de los corrales, porque sus dueños no los quieren vender y los defienden con tesón y causa justa en los parajes distantes de la saucería, que es la única madera que hay en aquellas distancias a orillas de los ríos, para hacer sus casas y corrales, pues aunque se encuentran raros bosquecillos, son de duraznos de corto y tortuoso tronco, como asimismo de otros arbolillos del propio tamaño. Todo lo contrario sucede en el Tucumán, desde el río Tercero hasta más adelante de Jujuy, que se pueden quemar árboles enteros sólo por divertirse con su iluminación, en particular desde la entrada a Córdoba hasta la de Salta, pero prevengo de paso, por habérseme olvidado notarlo en su lugar, que los pasajeros exceptúan del incendio aquellos hermosos, elevados y coposos árboles que parece crió la naturaleza en las pascanas para alivio y recreación de los caminantes. Digo esto porque muchos insensatos tienen la simple complacencia de abrasar el mejor árbol por la noche, después de haberse deleitado con su sombra por el día, y todo esto se hace por falta de una corta reflexión.

Desde Mendoza a Santiago de Chile se regulan cien leguas, y aunque en aquella ciudad hay maestro de postas, se debe reputar como un arriero común de los del reino de Chile, que son los mejores de ambas Américas, y solamente pagándoles remudas se puede hacer el viaje, sin embargo de las arriesgadas y penosas laderas, en cuatro días, con pocas y livianas cargas. En Mendoza se proveerán de las cosas necesarias hasta el valle del Aconcagua, como llevo dicho.

En este tránsito no hay cosa más notable que los riesgos y precipicios, y un puente que llaman del Inca, que viene a ser una gran peña atravesada en la caja del río capaz de detener las aguas que descienden copiosamente de la montaña, y puede ser que alguno de los incas haya mandado horadar aquella peña o que las mismas aguas hiciesen su excavación para su regular curso. La bóveda de la peña, por la superficie está llana y muy fácil para pasar por ella, hasta la inmediata falda del opuesto cerro, que es todo de lajería, y al fin de ella, como en el tamaño de una sábana, hay una porción de ojos de agua, que empiezan desde fría en sumo grado hasta tan caliente que no pueden resistir los dedos dentro de ella.

Tengo por muy conveniente que los caminantes precisados a hacer sus viajes con arrieros pidan al dueño de la recua un peón de mano práctico en el camino. Este sirve de muchísimo alivio al pasajero que quiere caminar con alguna comodidad desde Mendoza hasta el valle del Aconcagua. Los criados que llevan los pasajeros, que comúnmente son negros esclavos, son unos trastos inútiles y casi perjudiciales, porque además de su natural torpeza y ninguna práctica en los caminos, son tan sensibles al frío que muchas veces se quedan inmóviles y helados, que es preciso ponerlos en movimiento al golpe del látigo y ensillarles sus caballerías y quitarles la cama para que se vistan, lo que sucede alguna vez con tal cual español, a quien es preciso provocar con alguna injuria para que entre en cólera y circule la sangre. Los arrieros chilenos madrugan mucho para concluir su jornada a las cuatro de la tarde, cuando el sol tiene suficiente calor para calentar y secar el sudor de sus mulas. En esta detención, hasta ponerse el sol, plantan los toldos de los dueños de las cargas. Hacen sus fuegos y traen agua con mucha prontitud. El peón de mano dirige al pasajero o pasajeros dos horas antes de salir la recua, prevenido de fiambres y lo necesario para darle de comer a las doce del día, y muchas veces antes, en sitio cómodo y distante solamente una cuarta parte de la jornada, con agua y leña. Estas tres partes las hace el que va a la ligera en sitios ásperos en cinco horas, de modo que si sale a las cinco de la mañana, llega a las diez del día, con descanso de más de cuatro a cinco horas, saliendo a completar la jornada a las tres a cuatro de la tarde y llegando a hora en que ya está todo prevenido para hacer la cena y sancochar la carne para comer al mediodía del siguiente, cocida, asada y competentemente aderezada. Este peón, en mi tiempo, sólo ganaba en las referidas cien leguas cinco pesos, llevando mula propia, y hacia el viaje muy gustoso, porque comía bien y tenía menos trabajo que caminando con la recua. El que se acomodare a caminar tras de ella y a comer cosa fría por el ahorro de cinco pesos en cien leguas, con otras incomodidades, desprecie mi consejo y gradúele de inútil, a costa de sus incomodidades; y adiós, caballeros, que ya me vuelvo a la Quiaca sin cansancio, después de haber andado en pocos minutos 728 leguas, de ida y vuelta, que otras tantas hay desde Buenos Aires a Santiago, que es la capital del fértil reino de Chile, según mi itinerario.

Sigue el general desde Buenos Aires a Lima por el Tucumán en la forma siguiente, con división de provincias. Desde la Quiaca da principio la provincia de los Chichas.

Capítulo X

La provincia de Chichas. - Riquezas minerales. - La provincia de Porco. - Fin de la primera parte

Provincia de Chichas

De la Quiaca a Mojos		7
A Suipacha		8
A la Ramada		12
A Santiago de Cotagaita		8
A Escara		4
A Quirve		<u>6</u>
Postas, 6;	leguas	45

Esta provincia es árida de pastos y escasa de bastimentos. Se provee de carnes y otros efectos del Tucumán y de algunos estrechos valles y quebradas que producen vino y aguardiente, con algunas menestras; pero en ella da principio la riqueza del Perú en minerales de plata. Sus piñas [102] hacen uno de los principales fondos de las fundiciones de la gran casa de moneda de Potosí. Esta provincia tiene tres nombres, que son el de Santiago de Cotagaita, Tarija y Chichas, que es el nombre de los indios que la ocupaban y ocupan actualmente. El sitio nombrado Mojo, perteneciente a la señora doña Josefa Yribarre, está en un alto muy combatido de los vientos, que forman en sus calles grandes médanos de arena, y principalmente al rededor de su casa. Hay un cómodo tambo y no faltan gallinas, huevos y algunas otras menudencias, que tiene esta señora en una pulpería pegada al mismo tambo.

A cualquiera persona decente franquea su casa, y en caso de necesidad provee de medicamentos y asistencia. A la entrada hay un río que no indica ser caudaloso, pero capaz de proveer a varios molinos, por medio de una

---

102 *Plata Piña*: masa esponjosa de mineral de plata virgen luego de un proceso de amasado y cocido en moldes a manera de panes para extraer el azogue.

acequia bien trabajada y costosa, que tiene esta señora para proveer sobradamente de aguas a los molinos necesarios para su gasto y de harina a todo aquel territorio. El pueblo nombrado Suipacha tiene un río a su entrada de bastante caudal, pero como se extiende mucho en su dilatada playa, no es de profundidad. El pueblo está bien resguardado, por estar situado en un alto. Hasta el sitio nombrado las Peñas, no hay agua en cinco leguas de buen camino, y piedra menuda suelta, con una bajada algo perpendicular. Desde las orillas del río Blanco, distante de Piscuno de cinco a seis leguas, hay algunas cuestecillas, medias laderas y reventazones[103], pero todo es camino de trotar sin riesgo. Del río Blanco a la Ramada hay una cuesta de subida algo arriesgada, pero sobre la izquierda, con muy corto rodeo, está otro camino más ancho por donde pasan las cargas, que se van a juntar a la eminencia. La bajada no tiene riesgo alguno, pero es muy pedregosa. Los tres cuartos de legua, por una quebrada muy llana, hasta la Ramada, se camina sobre un arroyo de agua cristalina, que a trechos se oculta entre la guijosa arena, y de este sitio se pasa al pueblo nombrado Santiago de Cotagaita, que dista ocho leguas de camino llano, con algún descenso, y a su entrada tiene un río de agua cristalina y de poco caudal.

En este pueblo, que es de bastante vecindario, pueden descansar los pasajeros y proveerse de lo necesario, porque en Escara, que dista cuatro leguas por una quebrada de subida y bajada muy extendidas, camino algo pedregoso, pero de buenas sendas y capaz de galopar, sólo se encuentran gallinas y cabritos, que no es despreciable socorro para los que llevan el aderezo correspondiente, con pan y vino. En este sitio se encuentran los primeros arrieros que sacan cargas de Salta y Jujuy, como llevo dicho, para estas provincias y Potosí. Desde Escara a Quirve, que dista seis leguas, no hay agua, y desde este sitio da principio la

Provincia de Porco

De Quirve a Soropalca	7
A Caiza	7
A Potosí	<u>12</u>
Postas, 3; leguas	21

Esta provincia tiene muchos minerales de plata, cuyas pastas, como las de los Chichas, pasan a Potosí.

Por la quebrada de Quirve corre un arroyo de agua algo salada, pero no faltan pozos de agua dulce. El camino tiene dos cuestecillas algo empinadas, pero de buena senda. El resto es piedra suelta y camino de trote y galope. Desde Quirve a Soropalca se pasa un río que tiene por nombre Grande, y riega el valle de Sinti. Este valle produce algún vino semejante en el color,

---

103 *Reventazones:* metáf. lomadas escarpadas. Específicamente se designa así a las rompientes del mar o río embravecido.

gusto y fortaleza al ordinario de Rivadavia [104], de que también se saca algún aguardiente, y se proveen de él pasajeros y pasa el resto a Potosí y Chuquisaca. El río Grande, en distancia de media legua se pasa más de seis veces, por los caracoles que hace en la caja; luego se junta otro de la mitad del caudal del Grande, de agua turbia y algo salada, nombrado Torcocha. Aquí se deja a la izquierda el río Grande, que pasa inmediato al pueblo nombrado Toropalca. Sigue después otro río nombrado Pancoche, de agua dulce y cana, que se pasa más de veinte veces por los caracoles que hace y estar el camino real sobre su caja. Para el tránsito de estos impertinentes ríos son de mucho auxilio las botas fuertes, pues de lo contrario se enfadan los pasajeros de levantar cada instante los pies, teniendo por menor molestia mojarse, como nos sucedió a todos menos al visitador, que además de las fuertes botas inglesas, tenía unos estribos hechos en Asturias, de madera fuerte y con faja de hierro, en que afianzaba sus pies hasta el talón y se preservaba de toda humedad, y así salió con ellos desde Buenos Aires y llegó a Lima en una silla de brida de asiento muy duro, sin pellón ni otro resguardo. Tampoco usó en todo el camino de poncho, capa ni cabriolé, guantes ni quitasol, pero caminaba siempre bien aforrado interiormente. Todo lo demás decía que eran estorbos.

Dos leguas antes de llegar a Caiza se aparecen unos grandes ojos de agua caliente que asombrarían a cualquiera que no fuese prevenido, porque hace cada uno tanto ruido como una fragua de herrero, arrojando las aguas y humos con el mismo ímpetu que aquellas despiden humo y chispas de fuego. A una corta distancia se había empezado a fabricar una casa para baños y hacer algunas granjerías; pero considerando el dueño que era un disparate, abandonó la empresa, porque los vecinos de las dos únicas poblaciones de Potosí y Chuquisaca tienen este recurso más cerca y con mejores comodidades, como diré después. El pueblo nombrado Caiza dista de Potosí doce leguas, que rara vez las caminan los arrieros en una jornada. A las seis leguas de regular camino hay un sitio nombrado Lajatambo, en donde se hospedan los pasajeros y se les venden a subido precio algunos comestibles, siendo la más estimable la cebada para las mulas, porque aquel sitio es de puna muy rígida y si se echaran al campo las bestias, le desampararían hasta buscar alivio en distante quebrada; y por esta razón no se situó posta en un paraje que pudiera ser de grande importancia, así para el alivio de las mulas como para aligerar esta jornada, que verdaderamente es molestosa, porque cuatro le-

---

104 *Rivadavia*: o Ribadavia, ciudad al Oeste de Ourense, en Galicia, famosa por sus vinos. Una de los primeros indicios de protección en el derecho español se encuentra en el Archivo Regional de Galicia, Legajo 26.362 n° 31 y está referido al Vino de Ribadavia de 1564: *"El vino de Ribadavia ha de ser de la viña de Ribadavia hasta la fuente San Clodio, de las partes siguientes: primeramente feligresía Sampayo, San Andrés de Camporredondo, Esposende, Pozoshermos, hasta llegar a la dicha fuente de San Clodio, toda la orilla del río Avia y de allí revolver abajo, Vieyte, Beade, etc.".* *"Otro sí porque de meterse vino en esta villa de partes donde no se hace bueno y ay daño e ynconbeniente porque debaxo de una cuba de buen vino benden a los mercaderes otro que no es tal, y los compradores después se allan engañados, y no es vino que se pueda cargar sobre el mar"*

guas antes de llegar a Potosí hay tanta piedra suelta que no se puede trotar si no se tiran a matar las mulas de los miserables indios carboneros, que proveen aquella gran villa de mulas flacas, cojas y mancas, y éstas son las que comúnmente arrean para los correos, que salen de la villa hasta Caiza. La dicha es que estos correos sólo ocupan tres mulas, que son la de silla, la de las valijas, que son de poco peso, y la del postillón, que muchas veces ahorra el miserable y hace la jornada a pie, por que descanse su mula.

Después de haber descansado dos días en Potosí, pidió el visitador este diario, que cotejó con sus memorias y le halló puntual en las postas y leguas; y aunque le pareció difuso el tratado de mulas permitió que corriese así, porque no todos comprenden las condiciones. Quise omitir las coplas de los gauderios, y no lo permitió, porque sería privar al público del conocimiento e idea del carácter de los gauderios, que no se pueden graduar por tales sin la música y poesía, y solamente me hizo sustituir la cuarta copla, por contener sentido doble, que se podía aplicar a determinados sujetos muy distantes de los gauderios, lo que ejecuté puntualmente, como asimismo omití muchas advertencias, por no hacer dilatada esta primera parte de mi diario, reservándolas para la segunda, que dará principio en la gran villa de Potosí hasta dar fin en la capital de Lima.

SEGUNDA PARTE

Capítulo XI

Potosí. - La Villa. - Riquezas del Cerro. - Los tambos

Ya, señor Concolorcorvo, me dijo el visitador, está Vd. en sus tierras; quiero decir en aquellas que más frecuentaron sus antepasados. Desde los Chichas a los Guarochiríes, a donde da fin mi comisión, están todos los cerros preñados de plata y oro, con más o menos ley, de cuyos beneficios usaron poco sus antepasados, que no teniendo comercio con otras naciones pudieron haber formado unos grandes ídolos de oro en templos de plata, como asimismo los muebles de sus incas y caciques, por lo que discurro que las grandes riquezas que dicen enterraron y arrojaron a las lagunas, a la entrada de los españoles, fue artificio de los indios o sueño de aquéllos, o a lo menos mala inteligencia. Más plata y oro sacaron los españoles de las entrañas de estas tierras en diez años que los paisanos de Vd. en más de dos mil, que se establecieron en ellas, según el cómputo de los hombres más juiciosos. No piense Vd. dilatarse mucho en la descripción de estos países, pues aunque son mucho más poblados que los que deja atrás, son más conocidos y trajinados de los españoles, que residen desde Lima a

Potosí

Nimborum patriam loca feta furentibus austris.

Esta imperial villa se fundó por los españoles a los principios de la conquista, sobre una media loma que divide el cerro por medio de una quebrada, a donde descienden las aguas y forman un arroyo grande, suficiente para proveer a todas las haciendas de sus lavaderos de metal, que están de la banda del cerro, y estas copiosas sangrías dan tránsito cómodo de la villa al cerro y haciendas. El vecindario de la villa y su ribera se compone de forasteros entrantes y salientes, de todas clases de gentes. La frialdad del territorio consiste en su elevación y cercanía a los nevados cerros que la rodean, y causan molestia en los días ventosos, pero las casas de los españoles y mestizos son bastante abrigadas por sus estrechas piezas y mamparas que las dividen, a que se agrega el socorro de los repetidos zaumerios y mates de agua caliente que continuamente toman las mujeres, y es el agasajo que hacen a los hombres a todas horas. Dicen que desde el descubrimiento de las riquezas de aquel gran cerro se señalaron 15.000 indios para su trabajo y el de las haciendas en que se beneficia la plata.

La decadencia de ley en los metales, u otras causas, redujo este número a 3.500, que concurren actualmente, la mayor parte con sus mujeres e hijos, que se puede contar sobre un número de más de 12.000 almas, con los que se quedan voluntariamente y se emplean en el honrado ejercicio de Chalcas, que son unos ladrones de metales que acometen de noche las minas, y como prácticos en ellas, sacan los más preciosos, que benefician y llevan al banco que el Rey tiene de rescate, siendo cierto que estos permitidos piratas sacan más plata que los propietarios mineros. Aunque el cerro de Potosí está hoy día en mucha decadencia, por la escasez de la ley de los metales, la providencia a la diligencia de los hombres inclinados a buscar las riquezas en el centro de la tierra, ha descubierto en las provincias de Chichas, Porco y otras circunvecinas, minerales que contribuyen a la real caja de moneda de Potosí, con mayor número de marcos.

Sin embargo de tanta riqueza, no hay en esta villa un edificio suntuoso, a excepción de la actual caja de moneda, costeada por el Rey, que es verdaderamente magnífica, y un modelo de la de Lima en las piezas bajas y algunas oficinas altas, pero el resto, incluyendo la vivienda del superintendente, se compone de piezas estrechas. El superintendente actual adornó la fachada con unos balcones muy sobresalientes, en que imitó las popas de los antiguos bajeles de guerra. Sostienen éstos unas figuras feas para ángeles y nada horribles para demonios, pero facilitan el acceso a las piezas del superintendente, que se comunican con las demás de toda la casa, de que pudiera resultar algún considerable robo. Siempre esta buena villa fue gobernada por personas distinguidas con la superintendencia de la casa de moneda y banco. Tiene su cabildo secular, compuesto de dos alcaldes y varios regidores, en cuyos honoríficos empleos interesan a cualquier forastero, sin más averiguación que la de tener la cara blanca y los posibles suficientes para mantener la decencia.

Administra los correos don Pedro de la Revilla, mozo instruido y fecundo en proyectos. Se divulgó en Potosí que había sido titiritero en España, porque le vieron hacer algunos juegos de manos. "Por otro tanto, dijo el visitador, denunciaron en Popayán, y fue llamado a la inquisición, don Pedro

Sánchez Villalba, sujeto más conocido en este reino que Revilla, pero entre los dos Pedros hay la diferencia que los potosinos lo hicieron por malicia, y los popayanes con sencillez. Cierto bufón probó en Arequipa que don José Gorosabel era descendiente de judíos, porque leyó en el libro de la generación del mayor hombre que hubo y habrá en el mundo, las siguientes palabras: *Sabathiel autem genuit Zorobabel*. Lo cierto es, señor Concolorcorvo, que de cien hombres apenas hallará uno que no sea titiritero, y así ríase Vd. de los potosinos y popayanos con los dos Pedros y celebre cuatro P P P P tan memorables como las de Lima, y a Gorosabel dele el parabién de que Matorras le haya emparentado con los *Romances*, y Vd. siga su discurso sin hacer juicio de bagatelas".

La villa está siempre bien abastecida de alimentos comunes, que concurren de los más dilatados valles, por los muchos españoles que se mantienen en ella. El congrio seco que llega de la costa de Arica, se puede reputar por el mejor pescado fresco, y se vende a un precio cómodo, como asimismo otros regalos que acarrea el mucho consumo y la seguridad de que no se corrompen, porque a corta distancia de la costa o valles entra la puna tan rígida que no permite infecto alguno. Con cualquier viento penetra el frío, porque la villa está rodeada de nevados cerros, como llevo dicho, y aunque las lluvias son copiosas no se hacen intransitables las calles, por la desigualdad del terreno, que da corriente a las aguas sobre regulares empedrados.

El dístico que se puso al frente comprende mucha parte la discordia que siempre reina entre los principales vecinos. Esta se convierte en plata que va a parar a la ciudad de este nombre. El principal lujo de esta villa, como casi sucede en los demás pueblos grandes del reino, consiste en los soberbios trajes, porque hay dama común que tiene más vestidos guarnecidos de plata y oro que la Princesa de Asturias.

Ninguna población de la carrera tiene igual necesidad de casa de postas, porque en las inmediaciones de esta villa y sus contornos no hay arrieros, a causa de la escasez de pastos. Los arrieros que entran con bastimentos de provincias distantes, llegan con sus mulas tan estropeadas, que apenas pueden con el aparejo. Las de los indios, que proveen de carbón diariamente, están de peor condición. Los indios de Yocalla, que regresaban sus mulas en tiempo del conde del Castillejo, se han retirado por ser actualmente estrecha la detención que se hace en Potosí, por lo que no tienen lugar a pasar a su pueblo, que dista diez leguas de mal camino, a traer cuatriplicado número de mulas para sacar las encomiendas de plata y oro, por lo que se ve precisado el administrador de correos de aquella villa a pedir mulas a la justicia, que por medio de sus criados y ministriles, se ejercita en una tiranía con los arrieros y carboneros digna de la mayor compasión. Este perjuicio tan notable les había atajado el visitador, porque los panaderos de esta villa, que comúnmente tienen mulas gordas y descansadas en sus corrales se habían obligado a dar mulas al precio regulado, con sólo la condición de que se les eximiese de una contribución que hacían anualmente para una fiesta profana, y en que se serviría a Dios suprimiéndola; pero quedaron frustradas sus diligencias porque se opuso cierto ministro de espíritu negativo. Estos primeros pasos que dio el visitador para el arreglo de los correos de Potosí, aunque no le abatieron el ánimo, le hicieron desconfiar del buen éxito de su visita, pero luego que concluyó por lo respectivo a los productos de aquella estafeta, resolvió pasar a Chuquisaca para establecer aquella, que estaba en arriendo desde el tiempo del conde del Castillejo, en cantidad de doscientos pesos anuales. Esta travesía es de veinte y cinco leguas, reguladas en la forma siguiente:

De Potosí a Tambo Bartolo	8
A Tambo nuevo	9
A Chuquisaca	<u>8</u>
Leguas	25

Este tránsito o travesía tiene de ocho a nueve leguas de camino corriente, digo de trotar y galopar. El resto es de piedra suelta, lajas y algunas cuestas de camino contemplativo. A las cuatro leguas de la salida de Potosí hay un muy buen tambo, actualmente inútil, porque a corta distancia está, en agradable sitio, una casa que llaman de los Baños. Esta en la realidad es más que competente y muy bien labrada, con buenos cuartos y división de corrales para las caballerías, y provisión de paja. El baño está en un cuarto cuadrilongo, cerrado de bóveda, y de la profundidad de una pica, desde las primeras escalas, por donde se desciende. El agua asciende más de vara y media y se introduce por un canal de la correspondiente altura. Es naturalmente caliente, y aunque dicen que es saludable y medicinal para ciertas enfermedades, piensa el visitador que es muy perjudicial en lo moral, y aún en lo físico. En lo moral, porque se bañan hombres y mujeres promiscuamente, sin reparo alguno ni cautela del administrador, como hemos visto, de que resultan desórdenes extraordinarios, hasta entre personas que no se han comunicado. En lo físico, porque se bañan en unas mismas aguas enfermos y sanos, tres y cuatro días sin remudarlas ni evaporación, porque la pieza está tan cerrada que apenas entra el ambiente necesario, para que no se apaguen las artificiales luces, que se mantienen opacas o casi moribundas entre la multitud de vapores que exhala el agua caliente y nitrosa, como asimismo la de los cuerpos enfermos y sanos.

Esta bárbara introducción es la que atrae la multitud de concurrentes, aunque no faltan algunas cortas familias distinguidas que tienen la precaución de bañarse en aguas puras, con la prevención de lavar y barrer bien el aposento y abrir puertas y ventanas, para que exhalen los vapores; pero estas familias son raras, y más raros los casos en que van a gozar de un beneficio que sólo tienen por diversión, y no por remedio para sus dolencias. Tambo Bartolo se dice así porque a un tiro de cañón está un pueblo llamado Bartolo. El tambo, en la realidad, es una corta hacienda que no produce más que alguna cebada, a por mejor decir paja mal granada, para el sustento de las bestias necesarias a su cultivo y para vender a los pasajeros. Aquí se situó posta para esta travesía, con cargo de paga doble. Esto es para los correos del Rey a real por legua de cada caballería de carga y silla, y para los particulares a dos reales, en atención a su estéril sitio.

El Tambo nuevo lo es en realidad, porque se fabricó pocos días antes de haber pasado nosotros por el sitio. Tiene dos piezas para los pasajeros capaces de hospedar cómodamente veinte personas, con corrales para bestias, cocina y una pulpería surtida de las cosas que más necesita la gente común, y que muchas veces sirven a los hombres decentes y de providencia. Este es el único sitio, en esta travesía, que puede mantener mulas al pasto para los correos y particulares; pero como los primeros dan corta utilidad, no puede hacer juicio de ella el dueño, que solamente se aplica a hacer acopio de cebada para los transeúntes, con la venta de algunos comestibles y aguardiente; pero de esta primera providencia resulta que el dueño del tambo, con las sobras de la paja y cebada, mantiene tres o cuatro mulas para su servicio y habilitación de correos.

En esta corta travesía, en que no tuvo, por conveniente el visitador situar más que las referidas dos postas, hay más de diez tambillos, con providencia de aposentos rurales y bastimentos comunes a hombres y bestias. En la quebrada Honda hay un tambo que regularmente es el más provisto de toda esta carrera. Tiene una buena sala, con dos dormitorios y cuatro catres muy buenos, pero esta pieza sólo se franquea a la gente de real o aparente distinción, porque los hombres ordinarios y comunes usan comúnmente unas groserías que ofenden los oídos y vista de cualquier sujeto noble de vida relajada, y por esta razón el dueño prohíbe esta habitación a los hombres de baja esfera, o que la manifiestan por sus modales. Además de las deshonestidades que con carbones imprimen en las paredes, no hay mesa ni banca en que no esté esculpido el apellido y nombre a golpe de hierro de estos necios. Este último uso es muy antiguo entre los peregrinos de distantes países, para dar noticias de sus rutas a los que los buscasen por el camino real, poniendo las fechas en las paredes de los hospitales, cuyo uso se hizo tan común en la América, que no hay tambo ni cueva que no esté adornada de nombres, apellidos y de palabras obscenas.

En las mansiones públicas de postas, se debía prohibir este abuso con una pena pecuniaria, proporcionada a la mayor o menor insolencia, teniendo mucho cuidado los mitayos de advertir a los pasajeros de las penas en que incurrían con semejantes inscripciones, y otras indecencias, que hacen en los aposentos, de que resulta el fastidio de la gente de buena crianza, y abandono de las públicas mansiones. Los corregidores y alcaldes deben velar sobre una policía tan útil en lo moral, como en lo político, y formar unos aranceles para su observación, bajo de unas penas correspondientes, y que se lleven a debido efecto en cada pueblo, o mansión situada en paraje desierto, no dando multas alos contraventores, u ocultándoles las suyas, hasta la satisfacción de la pena impuesta por juez competente. Este justificado medio será muy útil a la sociedad humana, como asimismo el que ninguna persona haga cocina de los aposentos, ni meta en ellos caballería alguna, para que de este modo no se arruinen insensiblemente, por condescendencia de los mitayos, sino que cada pasajero use de los corrales comunes, y destine un criado, o mitayo pagado, para cuidar las caballerías de su uso y estimación.

Desde Tambo nuevo van regularmente los pasajeros a comer y sestiar a las orillas del gran río nombrado Pilcomayo. Se baja a él por una cuesta perpendicular de un cuarto de legua, aunque sin grave riesgo, porque tiene buen piso. La quebrada es caliente y agradable. De la banda de Potosí hay varias rancherías con algunos cortos sembrados de maíz y cebada. Si sucede alguna avenida, aunque no sea muy copiosa, cargará el río con casas, efectos y habitantes. Esta buena gente, además de los cortos frutos de sus chacritas, se ejercita en el servicio de chimbadores [105], porque el paso común de los que van por Potosí a Chuquisaca, que es el mayor número, atraviesan el río por el vado; pero estos colonos procuran arruinarle formando varios pozos para que los pasajeros mezquinos o demasiado resueltos caigan en la trampa, muchas veces con riesgo de ahogarse, y que el diablo lleve rocín y manzanas, como dijeron los antiguos españoles. Estos, que por tales se tienen, aunque con más mezclas que el chocolate, reservan un canal o vereda tortuosa de que ellos solamente están bien informados, como pilotos prácticos, lo que sucede en todos los ríos de esta dilatada gobernación. Si algún pasajero a la ligera se viera precisado a atravesar el río solo, por no haber chimbadores, y llevare mula o caballo baqueano, déjese gobernar de su instinto o práctica, porque de otro modo, y queriéndose gobernar por su razón natural, se expone a perder la vida, porque la bestia, afligida del freno y la espuela, se precipitará. A medio cuarto de legua del vado, caminando por la opuesta orilla, se ve claramente el famoso puente del río para pasar a Chuquisaca. No creo que se haya hecho obra más suntuosa e impertinente, porque sólo usan de aquel famoso puente los arrieros que atraviesan de Escara a Chuquisaca, huyendo de Potosí.

El puente es magnífico, fuerte y adornado en sus bordes de lápidas con sus inscripciones, en que se pusieron los nombres de los ministros que destinó la real audiencia de Chuquisaca para su perfección. Las aguas se inclinan a la banda del cerro que corresponde a Potosí. Por la parte de Chuquisaca hay varios canales o vertientes del principal brazo del río. El puente conclu-

---

105 *Chimbador*: persona especialista en cruzar a pie un río

ye a orillas del principal, acaso por falta de providencias. El maestro bien reconoció que su obra estaba imperfecta, como asimismo el último ministro superintendente de ella, y para paliar la cura de una enfermedad de difícil remedio, por falta de dinero, tiró unas barbacanas [106] para que las aguas, tropezando en ellas, inclinasen su curso al opuesto cerro, pasando por el principal canal, que abraza el único arco y soberbio elevado puente, que en tiempos regulares es inútil, porque el río tiene vado. En las grandes avenidas lo es, porque está cercado de la banda de Chuquisaca de algunos brazos con que el gran río se desahoga, y que no caben en el canal principal. Sin embargo de la imperfección del puente, dijo el visitador que podía ser útil en muchos casos de extraordinarias avenidas, porque en estas se facilitaría mejor el vado, de dos ó tres canales que el de la travesía de todo el río por una extendida playa llena de pozos y excavaciones que hacen las aguas en las arenas. El camino que formó sobre el cerro de Chuquisaca el arquitecto, dijo el visitador que no era tan superfluo como había notado la gente común, porque podía darse el caso en que los canales se inclinasen a la quebrada, y entonces serviría aquel camino para precaverse y libertarse de los atolladeros y riesgos, a costa de algún corto rodeo. La idea de este puente fue muy buena, pero no se pudo perfeccionar en un reino y provincia abundante de plata, pero escasa de colonos y frutos.

Al gran Pilcomayo sigue Cachimayo, que pasa por quebrada más deleitable, extensa y poblada; esta es el Aranjuez de Chuquisaca. Por una y otra banda está poblada: por la de Potosí de varios colonos pobres, que se mantienen de cortas sementeras. La banda de Chuquisaca tiene algunas casas muy dispersas cubiertas de tejas, con alguna extensión de territorio, con similitud a las solariegas de la Cantabria. En ellas se alojan las familias que bajan de Chuquisaca a divertirse de la una y de la otra banda del Cachi, que no tiene nada artificial, porque ninguno eligió alguna porción de aquel sitio para el deleite ni magnificencia. Este río es muy caudaloso, pues habiéndole pasado en tiempo de secas, reconocimos en su vado tantas aguas como en las de su inmediato el Pilcomayo, con la diferencia que el Cachi tiene la caja a canales por donde pasa más sólidos; pero en tiempo de avenidas detiene a los correos y pasajeros algunos días, porque no tiene ni aun el medio puente Pilco. En uno ni en otro hemos visto instrumentos de pesca en las casas de los habitantes, lo que puede resultar de su abandono y desprecio, de tan útil granjería, o acaso por la rápida corriente de los dos ríos, en las playas de estos habitantes de poca industria y estrecho territorio para formar canales y presas para proveer del regalo de la pesca a dos lugares de tanta población como la villa de Potosí y ciudad de La Plata.

---

106 *Barbacana:* o *falsabraga*, obra de defensa avanzada y aislada que se ponía delante de las murallas, más baja que la principal servía para defender el foso.

Capítulo XII

La plata. - Descripción de la ciudad. - El oro de Los Cerros

Así se nombra la capital de la dilatada jurisdicción de la real audiencia de Chuquisaca, que se compone de varios ministros togados con un presidente de capa y espada, siendo voz común que estos señores se hacen respetar tanto, que mandan a los alcaldes ordinarios y regimiento sus criados y ministriles, y que cuando alguno sale a pasearse a pie cierran los comerciantes sus lonjas para acompañarlos y cortejarlos, hasta que se restituyen a sus casas, por lo cual aseguran que cierta matrona piadosa y devota destinó en su testamento una cantidad correspondiente para que se consiguiese en la corte una garnacha[107] para el Santísimo Sacramento, reprendiendo a los vecinos por que salían a acompañar a los oidores y estaban satisfechos con hacer una reverencia al pasar la Consagrada Hostia que se llevaba a un enfermo. Supongo yo que ésta es una sátira mal fundada. Es natural la seriedad en los ministros públicos, y también el respeto, aunque violento, en algunos súbditos. En todos hay algo de artificio, con la diferencia de que los señores ministros piensan que aquel rendimiento les es debido, y el público, como ve que es artificial, vitupera lo que hace por su conveniencia y particulares intereses, y exagera la vanidad y soberbia de unos hombres que no pensaron en semejantes rendimientos. No sé lo que sucedería antaño, pero ogaño reconocemos que estos señores ministros, conservando su seriedad, son muy moderados y atentos en la calle, y en sus casas muy políticos y condescendientes en todo aquello que no se opone a las buenas costumbres y urbanidad.

La ciudad de La Plata está situada en una ampolla o intumescencia de la tierra, rodeada de una quebrada no muy profunda, aunque estrecha, estéril y rodeada de una cadena de collados [108] muy perfectos por su figura orbicular, que parecen obra de arte. Su temperamento es benigno. Las calles an-

107 *Garnacha*: vestidura talar con mangas y una vuelta que desde los hombros cae a las espaldas a manera de una toga senatorial. La usaban los consejeros y jueces de la Real Audiencia

108 *Collado*: altura de tierra que no llega a ser monte

chas. El palacio en que vive el presidente es un caserón viejo, cayéndose por muchas partes, que manifiesta su mucha antigüedad, como asimismo la casa del cabildo, o ayuntamiento secular. Hay muchas y grandes casas que se pueden reputar por palacios, y cree el visitador que es la ciudad más bien plantada de cuantas ha visto y que contiene tanta gente pulida como la que se pudiera entresacar de Potosí, Oruro, Paz, Cuzco y Guamanga, por lo que toca al bello sexo. Es verdad que el temperamento ayuda a la tez. La comunicación con hombres de letras las hace advertidas, y la concurrencia de litigantes y curas ricos atrae los mejores bultos y láminas de los contornos, y muchas veces de dilatadas distancias. No entramos en el palacio arzobispal porque no están tan patentes los de los eclesiásticos como los de los seculares. Aquellos, como más serios, infunden pavor sagrado. Estos convidan con su alegría a que gocen de ella los mortales.

La Catedral está en la plaza mayor. El edificio es común, y se conoce que se fabricó antes que el arzobispado fuera tan opulento. Su adorno interior sólo tiene una especialidad, que nadie de nosotros notamos ni hemos visto notar sino al visitador, que quiso saber de nosotros la especialidad de aquella iglesia. Uno dijo que los muchos espejos con cantoneras de plata que adornaban el altar mayor. Otro dijo que eran muy hermosos los blandones [109] de plata, y así fue diciendo cada uno su dictamen, pero el visitador nos dijo que todos éramos unos ciegos, pues no habíamos observado una maravilla patente y una particularidad que no se vería en iglesia alguna de los dominios de España.

La maravilla es, que siendo los blandones de un metal tan sólido como la plata, y de dos varas de alto, con su grueso correspondiente, los maneja y suspende sin artificio alguno un monacillo como del codo a la mano. En esto hay un gran misterio; pero dejando aparte este prodigio, porque nada me importa su averiguación, voy a declarar a Vds. la particularidad de esta iglesia, para lo cual les voy a preguntar a Vds. si han visto alguna en todo lo que han andado que no tenga algún colgajo en bóveda, techo o viga atravesada. La iglesia más pobre de España tiene una lámpara colgada, aunque sea de cobre o bronce, pero la mayor parte de las iglesias de pueblos grandes están rodeadas de lámparas y arañas pendientes de unas sogas de cáñamo sujetas a una inflamación o a otro accidente, que rompiéndose cause la muerte a un devoto, que le toque un sitio perpendicular a una lámpara, araña, farol o candil, dejando aparte las manchas que se originan del aceite y cera, o de las pavesas que se descuelgan de las velas.

No se piense que lo que llevo dicho es una sátira. Protesto que si viviera en Chuquisaca no iría a orar a otro templo que a la catedral, por quitarme de andar buscando sitio libre de un riesgo, que turba mucho mi imaginación. Supongamos que ésta sea extravagante y que el riesgo esté muy distante en cuanto a perder la vida o recibir un golpe que le ocasione muchos do-

109 *Blandón*: candelero en el cual se coloca un cirio

lores y una dilatada curación. Pero ¿cómo nos preservamos de las manchas de gotas de cera, que precisamente caen de las velas encendidas en las arañas, pavesas e incomodidades que causan los sirvientes del templo al tiempo de dar principio a los oficios divinos, que es cuando le da esta fantástica iluminación, y que el pueblo está ya acomodado en el sitio que eligió? Dirán algunos genios superficiales que esta iluminación se dirige a la grandeza del santuario y magnificar al Señor. No dudo que los cultos exteriores, en ciertos casos, mueven al pueblo a la sumisión y respeto debido a la deidad; pero estos cultos me parecía a mí que se debían proporcionar a la seriedad con que regularmente se gobiernan las catedrales. En ellas se observa un fausto que respira grandeza. La circunspección de los ministros, la seriedad y silencio, es trascendente a todos los concurrentes.

Una iluminación extravagante esparcida en todo el templo, sólo ofrece humo en lugar de incienso. La multitud de figuras de ángeles y de santos ricamente adornados, no hacen más que ocupar la mitad del templo y distraer al pueblo, para que no se aplique a lo que debe y le conviene, atrayéndole solamente por medio de la curiosidad, que consiste en el artificio, música de teatro o tripudio pastoril.

En conclusión, la ciudad de La Plata, como llevo dicho, es la más hermosa y la más bien plantada de todo este virreinato. Su temperamento es muy benigno. El trato de las gentes, agradable. Abunda de todo lo necesario para pasar la vida humana con regalo; y aunque todos generalmente convienen en que es escasa de agua, por el corto manantial de que se provee, hemos observado que en las más de las casas principales tienen en el patio una fuente o pila, como aquí se dice, de una paja de agua, o a lo menos de media, que franquean al vulgo sin irritarse de sus molestias y groserías, de suerte que los señores ministros y personas distinguidas sólo gozan el privilegio de inmediación, a costa de un continuo ruido y pendencia inexcusables. Si la carencia de agua fuera tan grande como ponderan algunos, hubieran inventado cisternas o aljibes, recogiendo las aguas que el cielo les envían anualmente con tanta abundancia en un territorio fuerte, en que a poca costa se podían construir. Los techos son todos de teja o ladrillo, con el correspondiente declive para que desciendan las aguas a su tiempo con violencia, después de lavados los techos con el primer aguacero, por medio de uno o dos cañones, techándose los aljibes para que no se introduzcan en ellos las arenas y tierras que levantan las borrascas y caiga el granizo y nieve. Todos los naturalistas convienen que las mejores aguas son las de las lluvias en días serenos y como venidas del cielo, y así es preciso que convengan también en la providencia de aljibes o cisternas para reservarlas, por lo que si a los señores propietarios de las principales casas de Chuquisaca, que no tienen agua, quisieren a poca costa hacer construir un aljibe, beberían los inquilinos la mejor agua que desciende a la tierra.

Supongo yo que los que tienen privilegio de agua o pila no pensarán en hacer este gasto; pero les prevengo que el agua de las fuentes es menos saludable que la de las lluvias, y aún de los ríos que corren por territorios limpios de salitres. Las fuentes de las ciudades grandes, además de las impurezas que traen de su origen, pasan por unos conductos muy sospechosos, y en partes muy asquerosos. Las aguas que descienden de las nubes serenas, y se recogen en tiempo oportuno de los limpios techos en aseadas cisternas, son las más apreciables y conformes a la naturaleza, o se engañaron todos los filósofos experimentales. Confieso que esta recolección de agua no pudiera servir para otros usos sin mucho costo. Los riegos de jardines y macetas; los de las casas, limpieza de batería de cocina y servicios de cuartos de dormir y recámaras, y en particular el abrevadero de caballos y mulas, necesitan mucha agua, y si no corre por las calles públicas a particulares acequias, será preciso buscarla en depósitos distantes en todas aquellas poblaciones que no socorrió la naturaleza con ríos o manantiales suficientes para sus necesidades. Esta misma reflexión manifiesta lo útil de los aljibes o cisternas y provisión del agua de las lluvias en un territorio como el de Chuquisaca, y otros de iguales proporciones y necesidad de arbitrios.

El oficio de correos de esta ciudad le tenía en arrendamiento un vecino de ella sólo con la obligación de pagar doscientos pesos anualmente por el valor de las encomiendas y correspondencias de tierra; y reflexionando el visitador que la real hacienda estaba perjudicada gravemente, y que al mismo tiempo era preciso averiguar los legítimos valores para formar un reglamento sólido, nombró de administrador de dicho oficio a don Juan Antonio Ruiz de Tagle, persona inteligente y de mucha formalidad, señalándole provisionalmente un quince por ciento sobre el producto líquido de aquel oficio; y concluida esta diligencia pidió bagajes el visitador para continuar su comisión; pero antes de salir me parece justo prevenir al público, y aún a los señores directores generales de la renta de correos, la diferencia que hay de los señores ministros de carácter y letras a los demás jueces inferiores, sin letras ni ápice de reflexión, por lo general.

El visitador se presentó a los señores presidente y real audiencia que reside en esta capital, para que se pagasen de las penas de cámara los portes atrasados de la correspondencia de oficio y se estableciera un método seguro y claro para en lo sucesivo, y estos señores, que injustamente son calumniados de soberbios y vanos, como de lentos en sus resoluciones, proveyeron en el día que con asistencia del visitador deliberasen el asunto los señores Lisperguer, oidor decano de aquella real audiencia, y Álvarez de Acevedo, fiscal de dicha real audiencia. En el mismo día se citó al visitador para que concurriera al siguiente por la tarde a la casa del señor Lisperguer, adonde halló ya al señor Acevedo, y en menos de un cuarto de hora se resolvieron todas las dudas y dificultades, y al tercer día se expidió auto para que se pa-

gasen las legítimas correspondencias de oficio de las penas de cámara regis-
tradas, y atendiendo a la poca formalidad que había llevado en las cuentas
de las correspondencias marítimas el arrendatario, y quitar cualquier duda
con el nuevo administrador, pasase a la llegada de todos los correos, así de
mar como de tierra, el escribano de cámara y dejase recibo formal de todos
los pliegos de oficio, con distinción de su peso y valor, y otras circunstancias
que constan de dicho auto acordado, de que se le dio al visitador un testimo-
nio duplicado, que dejó uno al administrador de correos de Chuquisaca, para su gobierno.

Con bastante pena salimos todos de una ciudad tan agradable en todas
sus circunstancias, y el visitador nos previno que volviésemos a reconocer
juntamente con él aquella travesía, que hallamos conforme a las observaciones que habíamos hecho a la ida a Potosí. Así como salimos con repugnancia de Chuquisaca, o por mejor decir de la ciudad de La Plata, dejamos gustosos la villa de Potosí, no tanto por su temperatura rígida cuanto por la discordia de sus habitadores. Son muy raros los hombres que mantienen amis-
tad perfecta una semana entera. Al que aplaudieron por la mañana, vitupe-
ran por la tarde, sobre un propio asunto, y sólo son constantes en las pasio-
nes amorosas, por lo que se experimenta que las verdaderas coquetas hacen
progresos favorables, y se han visto más de cuatro de pocos años a esta parte retirarse del comercio ilícito con competente subsistencia, ya obligando a
su último galán a casarse con ellas o a buscar marido de aquellos que se aco-
modaban a todo y tienen una fuerte testa, o al que lleva la opinión de lo que
no fue en su año, no es en su daño.

A la salida de esta memorable villa nos previno el comisionado que ob-
servásemos los laberintos que formaban las cabañas de los indios con sus
muchas veredas y la facilidad con que se podía extraviar una carga de plata
en una noche tenebrosa y aún clara, porque saliendo los indios de Potosí alu-
cinados con la chicha y aguardiente, sueltan las mulas y cada una sigue distinta senda; y por esta causa dispuso saliesen los correos de Potosí a las doce
del día, dos horas más o menos. De esta villa se pasa a la de Oruro, por las
postas siguientes.

Capítulo XIII

Provincias de Porco, Poopo y Oruro. - El arrendamiento del oficio de correos. -
Inconvenientes del privilegio. - La ciudad y sus costumbres

Porco

De Potosí a Yocalla	10
A la Leña	6
A Lagunillas	6

Poopo

A Vilcapugio	8
A Ancato	5
A las Peñas	4
A Yruma	4
A la Venta de en medio	4

Oruro

A Oruro		9
Postas, 9;	leguas	57

L a salida de Potosí y quebrada de San Bartolomé están al presente transitables a trote por haberse aderezado el camino, aunque en partes está tan débilmente aderezado que en la primera avenida quedará como antes. En este tránsito, hasta Yocalla, hay dos cuestas en figura de una S, bien penosa por ser de lajería [110] la mayor parte; pero en la última bajada al pueblo hay un puente de cantería [111] muy fuerte y hermoso, y es el segundo de esta fábrica que será eterno si no hay una conmoción extraordinaria de la tierra o total abandono de los corregidores y demás justicias en alguna irrupción de las aguas y continuo trajín de los bagajes. En toda esta distancia no hay

110 *Lajería*: arte de recubrir con piedra laja
111 *Cantería*: arte de labrar las piedras para edificios

riesgo de precipicio. El pueblo de Yocalla es viceparroquia del curato de Tinquipaya. No hay tambo en que se alojen los pasajeros. Los indios tienen unos alojamientos que parecen cuevas u hornos, por donde con dificultad se puede introducir un corto almofre [112] y formar una estrecha cama, quedándose todo el bagaje apilado en el estrecho y sucinto patio, y sin embargo de esta miseria, a que se acomodan los indios mejor que otra nación alguna, labraron una casa grande, con bastantes oficinas, patios, traspatios y corrales para alojar a su cura o teniente seis días al año, que viene a celebrar sus fiestas y recoger sus derechos, por lo que el visitador aconseja a correos y pasajeros se apoderen de una o dos piezas de las muchas que tiene la casa, para asegurar sus cargas y descansar, valiéndose de los corrales y cocina, para que con el humo se mantengan los dioses caseros. Los indios de este pueblo son laboriosos y bastante racionales. Sólo pagaban antes nueve leguas hasta Potosí los correos del Rey, y considerando el visitador lo mucho que trabajaban las mulas de estos miserables en la subida, reguló diez leguas de paga, así a la ida como a la vuelta, que fue lo mismo que aumentarle dos leguas, aunque por el itinerario no consta más, que de una.

Todo el resto del camino, hasta Oruro, es de trote largo y sin riesgo. Los tambos están sin puertas. Las mulas flacas, porque el país es estéril, y el ganado menor y los hielos aniquilan el poco pasto. Las jornadas de las Peñas a Oruro eran de nueve leguas, que no podían hacer sin descanso las débiles mulas de los pobres indios, por lo que el visitador cortó la de Yruma en la Venta de en medio, poniéndola al cargo de un gobernador y cacique, que acaso es de los más privilegiados del reino, quien al instante mandó traer materiales suficientes para formar una mansión cómoda, independiente a su casa, que regularmente franquea a cualquier hombre de bien; pero el actual corregidor, que no quiero nombrar por no ridiculizarle, ni menos exponerle a un castigo, se opuso a un beneficio que se había hecho a pedimento de los indios de su provincia, bajo de unos pretextos tan frívolos y ridículos, que causa pudor expresarlos. A las cinco leguas de la Venta de en medio, y cuatro distante de Oruro, está un pueblo nombrado Sorafora, en donde pensó el visitador dividir la otra posta; pero como los indios sólo se ejercitan en la conducción de metales para proveer el grande ingenio de don Diego Flores, no usan más que de carneros de la tierra [113] y carecen de mulas, porque no las necesitan para otros trajines, y así se quedó la jornada de en medio de nueve leguas hasta

Oruro

Esta villa sigue a Potosí en grandeza, porque hay cajas reales y se funden en ellas anualmente sobre seiscientas barras de a doscientos marcos de plata de ley de once dineros y veinte y dos granos, que valen un millón y dos-

---

112 *Almofre*: o almofrez, funda en la que se lleva la cama de viaje
113 *Carneros de la tierra*: llamas